LA VENUS QUE ROMPIÓ EL ESPEJO

MIREN JAURNE

LA VENUS QUE ROMPIÓ EL ESPEJO

Una historia de superación y body positive

zenith

Primera edición: junio de 2019

Zenith es un sello editorial de Editorial Planeta, S.A.
Avda. Diagonal, 662-664, 08034 Barcelona (España)
www.zenitheditorial.com
www.planetadelibros.com

ISBN: 978-84-08-20946-1
Depósito legal: B. 12021 - 2019
Fotocomposición: Realización Planeta

Impreso y encuadernado en España

El papel utilizado para la impresión de este libro es cien por cien libre de cloro y está calificado como papel ecológico.

SUMARIO

Prólogo. Penny JayG 9
Introducción 13

1. «Gorda» es solo un mote 17
2. «Gorda» es un insulto 27
3. «Gorda» es un problema, tú eres el problema 49
4. Buceando con las gafas sucias 77
5. Perdida en la oscuridad 97
6. Suelta las gafas y flota, o húndete con ellas 117
7. Esa voz tímida 139
8. De susurros a gritos 155
9. Aquella voz familiar 175

Epílogo 183
Agradecimientos 189

PRÓLOGO

Hola, soy Sara —PennyJayG en redes—, y es probable que me reconozcas de películas como *Estoy escribiendo este prólogo*, *Esta es la que la salió en* La resistencia *y dijo «patriarcal»*, o *¿Quién coño eres? Déjame leer el libro de Mimi, ¡APARTA!*.

Pues yo ya lo he leído, te chinchas.

Antes de que te adentres en las entrañas de Miren —porque eso es lo que ha hecho aquí: se ha abierto en canal y ha puesto todos sus recuerdos y sentimientos en las páginas que tienes entre tus manos— deja que te cuente algo, y que te quede bien claro, esto no es un libro de una *influencer* más. Me explico. Esto que tienes en tus manos no es un libro que busca venderse por el nombre de la portada, escrito por una señora o señor haciéndose pasar por Miren. Este es un libro con una historia real contada desde la voz de su protagonista. Tan real que puede que en ocasiones te olvidarás de que estás leyendo y tendrás la sensación de estar en una habitación junto a Miren mientras ella te habla.

Leer este libro me ha recordado ese momento en el que llevas un tiempo conociendo a alguien (a nivel amistad) y, aunque ya sabes que te cae bien, llega un instante en que comienzas a sentir un extraño sentimiento de unión que hace que un día de pronto... ¡¡BUUMMM!! Os abrís y os contáis toda vuestra vida, incluidas esas partes que no queréis ni escuchar por no remover el recuerdo. Pero las palabras se escapan de vuestra boca, necesitan salir. Necesitáis contaros lo que habéis vivido, y de una manera un tanto extraña vuestras historias se entrelazan y empiezan a tener más puntos en común de lo que os imaginabais. Esa misma sensación de intimidad es la que tuve cuando conocí a Miren, y creo que ella debió sentir lo mismo esa tarde. Y aquí tenéis la razón por la que ahora estoy escribiendo este prólogo.

Si os preguntáis de qué conozco a Mimi... Pues de lo que se conoce la gente ahora: de internet. Ese mundo tan fantástico que da para mucho que hablar. Ese mundo lleno de fotos con el fondo desenfocado, planos imposibles y gente que sonríe a cámara. O como lo llamaría Estela Reynolds: «Esa gran mierda cubierta de purpurina». Bueno, pues en esa gran mierda de mundillo lleno de apariencias y gente contando mentiras —porque no cuentan más que mentiras—, de vidas perfectas y consumismo por encima de las posibilidades de cualquiera, a veces, solo a veces, te encuentras algunas pepitas de oro que relucen y que son como ese trozo de maíz en la caca que ha sobrevivido a la labor de los intestinos y se mantiene intacto, auténtico.

(¡BIEN! ¡REFERENCIA DE CACA! ¡Justo lo que quería! Espero que no estés comiendo...)

(Vuelvo al tema.)

Auténtico, auténtica. Creo que ese es el término correcto para referirse a Miri y, también, la clave de su éxito. Con ella no hay cortinas de humo, no hay trampa ni cartón, no hay un intentar ser lo que no se es para adaptarse a lo que la sociedad quiere. Lo que hay es lo que ves. Pero para llegar a poder mostrarse de esa manera tan libre ha pasado un largo camino que es el que te va a contar aquí y ahora.

En este libro te toparás con las historias del barrio, historias que incluyen la mirada de una adolescente que no entiende el mundo. Historias de bulimia, éxtasis y peleas familiares. Encontrarás esas historias que tú también has vivido a tu manera, pero que jamás contarías en un ambiente más allá de lo privado. Pues Mimi XXL lo ha hecho, Miri lo ha hecho, Jaurne lo ha hecho. Y lo ha hecho para que veas que no estamos solos y que la vida está llena de vaivenes.

Con lo que respecta al *body positive*... Da igual la talla que tengas, este libro es para ti. Yo ahora mismo tengo mi propio hilo en ForoCoches en el que se me otorga el gran título de «LA GORDA DE *LA RESISTENCIA*». Y os puedo jurar que lo que menos me ha dolido ha sido la palabra «gorda». He pesado ente 58-63 kg toda mi vida, he trabajado como azafata de imagen y ahora soy cómica. (Tampoco es un gran paso, pero es un paso... No, es broma, amo ser cómica. Gracias, vida.) He sido todo aquello que el heteropatriarcado quería que fuera, *la sociedad*, y aun así os puedo jurar que el sentimiento con el que vivía no era muy distinto al que me he encontrado en estas páginas. No os penséis que este libro es una historia de dolor, para nada, es una historia que no para de crecer y que espero que también os haga crecer a todes vosotres.

Y, ahora, sin más dilación...

ACOMPAÑAME A VER ESTA
~~TRISTE~~ HISTORIA
GRAN

INTRODUCCIÓN

Nunca me imaginé a mí misma escribiendo unas memorias. En parte porque me incomodaba pensar que los demás podrían conocer mis debilidades, y en parte porque me preguntaba ¿a quién le iba a importar mi vida?

La imagen que se generaba en mi cabeza cuando pensaba en alguien que escribía sus memorias era la de un señor mayor con el pelo canoso, gafas, una pipa humeante en la boca y decenas de otros libros firmados por él a su espalda. Pero la idea no podía ser más ridícula: ¿qué sabría ese hipotético señor lo que siente una adolescente que no encaja? ¿Qué sabría de crecer siendo una mujer inadaptada con un cuerpo no normativo? Nada, no tendría ni puta idea.

Hablo de señores con pelo canoso y yo misma ya peino unas cuantas. Quizás haya sido eso precisamente, la edad que han traído las canas, lo que me ha permitido poder escribir este libro desde la madurez, la lejanía, la seguridad que provee el no ser ya (del todo) la persona de la que hablas. Como cuando tropiezas y te caes, que lo recuerdas a cámara lenta. Como un recuerdo lejano, visto desde fuera; o como cuando escuchas tu voz en una grabación y no te reconoces, pero es tu voz, eres tú.

Aparte del pelo cano, las gafas y la pipa, a esos señores que escriben sus memorias los imaginaba o increíblemente importantes o increíblemente egocéntricos. A fin de cuentas, ¿no son todas las vidas dignas de contar por un motivo u otro? ¿Qué hacía las suyas especiales?

Ahora soy yo la que está a este lado de la ecuación, el de la que escribe, y lo encuentro liberador y tremendamente aterrador a partes iguales. ¿Estoy preparada para que cualquiera que se haga con este libro sepa las locuras que hice y pensé? ¿Para que conozca cada miseria, desgracia o burrada que ha pasado en mi juventud? No estaría más desnuda si me quitaran toda la ropa que llevo encima y me quedara de pie en medio de la plaza Mayor.

Escribiendo este libro he tenido que recordar episodios que no solo estaban casi olvidados, sino que los daba por más que superados. He tenido que salir de mi piel y mi ser y volver a enfundarme el traje de la persona que fui, recrear y plasmar en papel lo que sentí, lo que pasé, y cómo más de un día terminé llorando. No lloraba por mí, ya que no me considero víctima de nada, lloraba por aquella niña, adolescente, joven y mujer que tuvo que limar las asperezas de su ser contra las paredes que se encontró en su camino. No lloraba por mí, por Miren, lloraba por todas esas niñas que hoy pasan por las mismas trampas, zancadillas y caídas que me arrastraron a mí a las sombras. Al igual que Diane Freeling en *Poltergeist*, me lancé de cabeza al armario de los monstruos para rescatar a mi Carol Anne particular, mi pasado, y traerlo de vuelta conmigo a la luz como muestra de que de todo se sale.

Este libro es un pulso a tu lado oscuro, una mirada desafiante a tu reflejo, un análisis de cuánto puede doler vivir y cuánto merece la pena hacerlo. También es un intento de derrocar la idea de que «la infancia es feliz» y de que «la adolescencia es la mejor época», alegatos que invalidan y despojan a los jóvenes de su derecho a expresar cómo se sienten de verdad, a intentar entender por qué no es todo pan comido y a cuestionar por qué sus vidas no son tan maravillosas como las de los adolescentes que ven en las series.

A veces perdemos el norte y puede que no veamos con claridad las razones por las que merece la pena seguir adelante, pero no he ido a buscar a Carol Anne al armario ni tengo esta melena llena de canas por nada. Sean como sean las cosas, esta es la prueba de que siempre merece la pena seguir adelante.

CAPÍTULO 1

«GORDA» ES SOLO UN MOTE

«Gorda.» Esa fue una de las primeras palabras cariñosas con la que mi familia se dirigió a mí. Y sí, he dicho «cariñosa» porque mis padres y mis hermanos no tenían la intención de herirme cuando se referían a mí como «gorda» o «gordi». Quizás a ti también te llamen «gordi» o incluso tú te refieras así a tu pareja. A fin de cuentas todos tenemos un mote, ¿no? Mamá, papá, enano, moco u orejón, como mis hermanos —y eso que no eran ni enano, ni orejón—. ¡Y el otro no parecía un moco! O los amigos de mi padre, más conocido como «el alemán» y «el mudo»; y ni uno era alemán ni el otro era mudo, ¡todo lo contrario, no se callaba! ¿Qué tenían todos ellos en común? A todos se lo decíamos con cariño, porque, en mi mente de niña pequeña e inocente, todo el mundo era perfecto.

¿Diferentes todos? Sí. ¿Perfectos? También.

La bendición de la infancia es la inocencia. Gracias a ella aceptaba que todos éramos diferentes sin pensarlo dos veces. Tengo cuatro hermanos mayores y no nos parecemos nada entre nosotros. Partiendo de esa base es fácil aceptar que no tienes por qué parecerte a los demás, que ni siquiera son de tu familia. A ver, yo tenía michelines y mis amigas no, pero ellas tampoco tienen un lunar en la palma de la mano como yo y, para nosotras, una cosa tenía tanta importancia como la otra: ninguna.

Y con esta idea empecé mi camino por la vida. Dando por sentado que todos éramos diferentes y que no me importaba que los brazos de mi padre fueran fuertes o los de mi amiga cortos, porque lo único importante era el calor de sus abrazos. No importaba que uno de mis hermanos fuera más alto que el otro, lo que importaba era que jugaban conmigo. No me importaba que mi abuelo fuera calvo, me importaba que me hiciera reír.

Es curioso cómo los cánones de belleza de la sociedad me enseñaron a rechazar, según fui creciendo, lo que tildan de «diferente» o «feo», cuando son esas bellas imperfecciones las que hicieron mi infancia tan especial. La rugosidad de las uñas de mi abuelo cuando echábamos pulsos de pulgares. La abundancia de pecas en la cara de mi madre que me cansé de intentar contar los domingos por la mañana cuando me escurría entre mis padres en su cama. La forma en la que mi hermano tenía torcidos los dientes, y que, al sonreír, le levantaba el labio de esa forma tan graciosa. La redondez de los brazos de mi abuela cuando me enseñaba, sin éxito, a tocar el piano. Un millar de ejemplos que recuerdo y que aún me hacen sonreír, que van acompañados de un sentimiento y una sensación de calidez y añoranza. ¿Quién ha decidido que tiene el derecho de empañar mis recuerdos y tacharlos de «imperfectos»? ¿Quién cree tener potestad para proclamar que las personas de mi vida no son perfectas? Ahora echo la vista atrás y no consigo identificar el instante en el que mi mente dio por sentado que lo que hasta ese momento habían sido particularidades de mis seres queridos, se convirtieron en defectos en otros y en mí misma.

Pero yo no era la única que veía así el mundo. Mis profesores, mis compañeros de clase y mis amigos eran iguales que yo. Tu físico no definía cuánto valías ni cuánto te querían, lo hacía tu calidad como amigo, tu sentido del humor, lo buen estudiante que eras, la de goles que metías en el partidito del recreo o lo bien que saltabas a la comba. Para que os hagáis una idea de lo poco importante que fue el físico en mi infancia, os diré que incluso tengo recuerdos maravillosos de esos primeros años de colegio protagonizados por gente invisible. No invisibles porque no tuvieran importancia, ni mucho menos. Invisibles porque no tienen cara, ni color de piel, ni cuerpo, ni peso. Son solo sentimientos, sonrisas que se escapan recordando aquellas aventuras, recuerdos que te asaltan cuando alguien los menciona, anécdotas que vas reviviendo cuando presumes de la fantástica infancia que tuviste.

Uno de esos recuerdos sin forma es mi profesora de 1.º y 2.º de primaria, Araceli. A ella le gustaban mucho mis dibujos y los colgaba en el corcho de la clase. Era muy maternal, paciente y no le importaba repetir las cosas tantas veces como fuera necesario. Te hacía sentir especial cuando se dirigía a ti, las clases eran divertidas y todos llegábamos al colegio deseando verla y empezar el día. La señorita Araceli me enseñó a apreciar las artes plásticas y las manualidades, me convenció de que se me daba bien dibujar, me hacía sentir protegida y la sentía como una extensión de mi madre en el colegio. ¿Cómo era físicamente Araceli? No tengo ni la más mínima idea. Si tuviera que dar un retrato robot no sabría por dónde empezar. ¿Era morena o rubia? ¿De qué estatura? ¿Era delgada o entrada en carnes? Simplemente, no lo sé. Mi cerebro ha desechado esa información irrelevante para quedarse con lo verdaderamente importante. Cómo me trataba, cómo me hacía sentir, cómo se desvivía por sus alumnos.

También se me viene a la cabeza mi mejor amiga del cole, Burçu. Juntas vivíamos mil aventuras cada día, como aquel en que nos encontramos una lechuza con el ala herida en el huerto del colegio. Nos pasábamos horas jugando a las tiendas, me enseñó la canción de «Milikituli», me enseñaba palabras en turco, éramos las únicas chicas que se apuntaban al partido de fútbol del recreo. ¿Quieres que describa a Burçu? Lo acabo de hacer. Valiente, aventurera, entregada a sus amigas, amante de los animales, deportista. ¿Cómo era físicamente? No recuerdo si era más alta que yo, más delgada, con la piel más clara o los ojos más oscuros.

O Vanesa, mi mejor amiga del barrio hasta que su familia se mudó a otra ciudad. Nuestras colecciones de cartitas de intercambiar eran envidiables. Compartíamos el amor por las monerías de Cuca Dolls, los polos de vainilla y las películas de Disney. Sus fiestas de cumpleaños eran las mejores del barrio y sus padres, a pesar de ser el día especial de su hija, siempre tenían algún detalle para los asistentes. ¿De qué color era su pelo, sus ojos, cuánto pesaba? Si diera una respuesta me lo estaría inventando. ¿Qué recuerdo de Vanesa? La tristeza que sentí cuando me dijo que su familia se iba a vivir a otra ciudad, lo que nos divertíamos con el proyector haciendo sombras en la pared de su habitación, lo generosa que era cuando intercambiaba cartitas con alguien que tenía menos que ella, y su inmensa dulzura.

Ellas son algunas de las personas invisibles de mi infancia.

La gente que te hace feliz es más que un número en una báscula, la talla de un pantalón o los centímetros del contorno de su cintura. Me niego, y con esto me planto, me niego a que alguien a quien quiero quede reducido a un número cualquiera dentro de unos estándares sociales irrelevantes. ¿Te parece justo que tus seres queridos queden reducidos a eso? Y ¿te parece justo que tú quedes reducida a eso? De corazón, espero que la respuesta haya sido «No».

Haz este ejercicio conmigo. Piensa en alguien que hace mucho mucho tiempo fue amable contigo. Quizá fue con un gesto bonito inesperado o con una sonrisa desinteresada. ¿Tiñes ese recuerdo tan bonito con un «y estaba gordo/calvo/cojo» o lo dejas en un «caray, y lo bien que me hizo sentir»?

Me gusta pensar que ellas, mis personas invisibles, me recuerdan igual. Como la niña traviesa que no paraba de hablar en clase y que se hacía amiga de quien se sentara a su lado en el autobús del colegio. Sé que lo hacen. Sé que lo hacen porque todo lo que rodeó aquellas relaciones y amistades era cariño, y hablando desde el cariño «gorda» era solo un mote. Y es que, haciendo honor a la verdad, tengo que decir que yo era una niña jodidamente adorable. No me callaba ni debajo del agua, correcto, pero era adorable donde las haya.

En los años en los que «gorda» era tan solo un mote era sencillo mostrar mi cuerpo sin tapujos, relacionarme con los demás independientemente de la situación y sentirme una más. Esa sensación de comodidad facilitó que en aquel tiempo comenzase a desarrollar mi amor por la natación, el verano, la piscina y la playa. Quién me iba a decir que unos años después un simple bañador me provocaría puro pánico. La ironía de la vida y la crueldad de los complejos tienen la sucia costumbre de ir de la mano. Lo que más felicidad te ha traído y en donde mejor te has encontrado convertido ahora en fuente de ataques de ansiedad, paranoia e inferioridad. ¿Cómo consigue ese monstruo verde llamado «complejo» que odiemos lo que ha sido nuestra mayor fuente de felicidad?

Aprendí a nadar con cuatro años. Todos los veranos los pasábamos mañana, tarde y noche en el polideportivo de mi barrio. Año tras año los mismos amigos, los mismos grupos, los mismos juegos acuáticos, la misma felicidad.

Como adulta me he acostumbrado al dicho «los niños son muy crueles», pero yo tardé mucho en comprobarlo. En aquellos primeros años no lo eran. Eran mis amigos y amigas, éramos niños con el único fin común de pasarlo bien bajo el lema de «cuantos más, mejor». Estábamos libres de cualquier complejo y prejuicio. Cuando había que hacer dos equipos para jugar al pilla-pilla acuático me elegían de las primeras. A fin de cuentas era muy buena nadadora y eso era lo que importaba. Tenía amigas con hermanos mayores que, a su vez, eran amigos de mis hermanos. Los padres de mis amigas jugaban con mi padre en el campeonato de mus, y sus madres se sentaban en el grupo de mi madre. Eran como una familia extendida. Todos nos conocíamos, y, aunque alguna vez oyera a alguien dirigirse a mí hablando con un tercero como «Miren, la gordita», era con el mismo cariño con el que me lo decían en casa. Porque la malicia no existía, me habían enseñado que aquella palabra no conllevaba ninguna maldad, porque realmente estaba gordita al igual que el pelo de Leti era rizado, la piel de Vicky morena, y la marca de la cara de Marian era rosa.

Parte de aquellos veranos eran las vacaciones en A Coruña. Las tardes de playa en Malpica o Valdoviño, ir a Ferrol para subir a Chamorro, el pulpo de Mugardos y los atardeceres en Cedeira. Las clases de pandereta con mi prima Begoña, los puzles japoneses con mi primo Fran, las trastadas en la casa antigua del tío de mi madre con Tanya y Alexis. Pura felicidad, *Galicia Calidade*.

Ya fuera en la playa, en la piscina o en la aldea, vivía y disfrutaba al cien por cien. No puedo evitar recordar aquellos años con envidia, envidia de mí misma. Ponerte un bañador y correr por la piscina sin pensar en si te rebotan las carnes, en si se te marca la celulitis, en quién está mirando, en si alguien está susurrando; sin sentir que cada persona presente te está juzgando. SIN PENSAR. Solo disfrutar, reír, vivir el momento, que mi risa fuera la voz más alta que oía en mi cabeza y que mi cuerpo fuera solo lo que era: el medio para jugar, gritar, reír... y no la prisión en la que se terminó convirtiendo. Y es que al principio «gorda» era solo eso, un mote.

CAPÍTULO 2

«GORDA» ES UN INSULTO

¿Cuál fue el momento de tu infancia en el que supiste que algo había cambiado? Quizás cuando sucedió no te diste cuenta, fue un día cualquiera, otro capítulo más en tu despreocupada vida. Pero ahora echas la vista atrás y puedes señalar en un calendario el día, casi el momento exacto, en el que todo dejó de ser como era.

Ese momento en mi vida fue cuando me cambiaron de colegio en 3.º de primaria. No recuerdo conversaciones entre mis padres ni que me dijeran nada en particular, solo que empezaría en un colegio nuevo más cerca de casa. Sentí tristeza por los amigos que dejaba atrás, por lo que conocía y me gustaba. Pero, con ocho años y con un verano de por medio antes de empezar el nuevo curso, no quedaba sitio entre chapoteos y juegos para la tristeza.

Sin embargo, irremediablemente septiembre llegó y con él empecé el curso en el nuevo colegio. Recuerdo que cuando me despedí de mi madre al bajarme del coche, me gustó lo que vi: muchas caras nuevas, muchos grupos de amigos reencontrándose después de los meses de verano. No voy a negar que asomó un amago de tristeza al pensar en Burçu y en la señorita Araceli, pero mi primera impresión me estaba convenciendo.

Tengo aquel primer día tan grabado a fuego en mi memoria que hasta recuerdo lo que llevaba puesto: mis mallas de Minnie Mouse, el jersey rojo de lana que me trajo mi madre en su último viaje a Inglaterra y mis dos trenzas reglamentarias. Al entrar por las puertas del colegio noté que todos se daban cuenta de que era la nueva y me miraban con cara de «¿esta estaba aquí el año pasado?». Uno de los profesores intentaba manejar el cotarro y nos pidió que formásemos filas en el patio. Yo no sabía qué orden seguían ni cuál era la mía, así que les pregunté a unas profesoras qué fila era la de 3.º. Con un gesto bastante seco me señalaron una de las primeras filas. Sin darle mayor importancia fui hasta la fila y me puse la última.

—¿Cuál es tu clase? —me preguntó el niño que estaba delante de mí mientras me miraba de arriba abajo. Le contesté que 3.º B—. Pues no es aquí, es esa fila. —Señalando la fila paralela.

Le di las gracias, me cambié de fila y le pregunté a la niña que estaba delante de mí si esa era realmente la de mi clase. Ella me contestó señalando la fila de la que me acababa de ir. Me encogí de hombros y me dispuse a cambiarme, otra vez, de fila. Cuando estaba llegando, el mismo niño que me había hecho irme, me señaló antes de llegar y me gritó:

—¡Que 3.º B es esa, no esta!

Me quedé paralizada entre las dos filas sin entender del todo lo que estaba ocurriendo mientras varios niños se reían. No sabía quién me estaba tomando el pelo ni en qué fila ponerme y, por si eso fuera poco para alguien de ocho años, durante mi parálisis unas niñas más mayores pasaron por mi lado y empezaron también a reírse.

—¡Es Obélix! —dijo una de ellas en mi cara. Ese mote traspasaría las paredes de mi aula y me acompañaría hasta el último día en aquel colegio.

En ese momento se me llenaron los ojos de lágrimas y esa situación a mí me parecía lo peor que podía haberme ocurrido. Como es obvio, con la experiencia y los años, si echo la vista atrás me da rabia haber sido tan inocentona. Mi inocencia era una bendición y una maldición, pues me hacía el blanco perfecto en aquel ambiente hostil. Tampoco sé si me hubiera gustado más ser como soy ahora y haber contestado o reaccionado, o si prefiero dejarlo estar. ¿Habrían cambiado mucho las cosas si me hubiese defendido? No lo creo.

Busqué a las profesoras que me habían señalado mi fila al principio. Me acerqué a ellas con los ojos llorosos y les pregunté de nuevo cuál era la fila de 3.° B. La que tenía el pelo más largo me preguntó de qué colegio venía, cuando le dije el nombre de mi antiguo colegio la otra, de pelo corto y con gafas, me preguntó quién era mi profesora, a lo que respondí que la señorita Araceli. Casualidades de la vida, la que sería mi nueva profesora conocía a mi antigua profesora. Parecerá una tontería, pero pensé: «Si Araceli me adoraba y me trataba tan bien, me facilitará las cosas que la nueva profe sea conocida suya». Otra vez pecando de inocente, y es que no podía estar más equivocada.

Sonreí y me quedé allí parada, esperando a que me dijeran cuál era la fila en la que me tenía que poner. De camino a la fila que me indicaron me quité el agüilla de los ojos disimuladamente —¡lo que me faltaba, ser la nueva y ponerme a llorar el primer día!— y me coloqué, de nuevo, al final de la cola. El niño —que más que niño era el diablo en persona— que me había estado mareando, me sacó el dedo corazón y musitó: «GORDA». Aquello no había hecho más que empezar...

Tras el timbre subí todo el camino hasta la clase con la mirada clavada en el suelo. ¿Por qué las profesoras eran tan desagradables? ¿Por qué las niñas mayores me llamaron Obélix? ¿Por qué el niño de la fila fue tan maleducado conmigo y me llamó gorda con tanta malicia? Una malicia que no habían usado conmigo hasta ese momento. Esto de ser la nueva ya no molaba tanto.

Llegamos a clase e, instintivamente, me fui a las mesas del fondo, no quería llamar más la atención. Colgué mi mochila en el respaldo de la silla, saqué mi cuaderno y estuche nuevos de Cuca Dolls, y me senté con la pierna doblada sobre mi tobillo. En ese momento entró la profesora, era la mujer de pelo corto y gafas que me había señalado mi fila en el patio. Siguiendo a la profesora con la mirada hasta su silla vi al niño-diablo, el del dedito, sentado delante del todo y sonriendo a la profe como un pánfilo.

No llevábamos ni dos minutos sentados cuando, tras echar un vistazo a la clase, la profesora clavó los ojos en mí y me soltó:

—Tú, la del fondo, ¿cómo te llamas?

—Miren.

—¡Pues siéntate bien, que ocupas toda la clase!

Me quedé tan perpleja que tardé unos segundos en reaccionar, lo que le dio pie a lanzarme otro dardo:

—¿Estás sorda?

Entre risitas de compañeros me llegó un «y gorda», al que siguieron más risitas. Me levanté, coloqué la silla y me senté «bien».

Ya me había quedado claro que el ambiente en el nuevo colegio no tenía nada que ver con el anterior. Los niños tenían más mala baba y yo hacía oídos sordos porque tenía a mis amigas (y vivía un poco en Narnia, las cosas como son) e iba a lo mío. Pero, además de los niños, ¿qué sentido tenía que mi profesora Magdalena tuviese también tan mala baba? Aún hoy no tengo muy claro qué le pude hacer a esa señora para que me tratara como lo hizo. Era una niña normalita, un poco charlatana en clase, sí, pero educada.

Así es como conocí a la que sería mi profesora los próximos tres años, la señorita Magdalena. Ahora, como adulta, recuerdo los episodios que viví con esta mujer (y que os voy a contar más adelante) y admito que me dan ganas de presentarme en el colegio y tener una conversación de tú a tú con ella. Me encantaría preguntarle como mujer adulta, con carácter y 180 centímetros de altura, qué problema tenía con aquella niña inocente de ocho años. Futuros estudiantes de Magisterio del mundo, aquí va un consejito gratis: si no os gustan los niños ¡ESTUDIAD OTRA COSA!

Aquella desastrosa introducción en mi nuevo colegio sentó las bases de lo que sería el trato que recibiría de mis compañeros. En menos de una hora me habían llamado gorda, de una forma u otra, tres personas, una de ellas la profesora. Y solo era el primer día.

Por suerte, a pesar de empezar con mal pie, pronto tuve mi grupo de amigas. Lorena, que vivía muy cerca de mi casa y con quien iba y volvía andando si mi madre no me podía llevar. Sara, que, casualmente, era mi prima lejana y veraneábamos en el mismo sitio. Y otras como Patri, con quien jugaba en el recreo del comedor, Gema, Rocío... A las que yo denominaba «mis amigas del colegio», pues, a pesar de que algunas vivían cerca de mí, no nos veíamos fuera del centro. Qué maravilla los años en los que tienes un grupo de amigos allá donde vas: los amigos del barrio, los del colegio, los de la piscina, los de la playa... Porque, a medida que vas creciendo, esas personitas van desapareciendo, salen de tu vida sin avisar, y da gracias si terminas con dos a los que poder llamar «amigos de verdad». ¿En qué momento dejó de ser normal que se te acercara alguien y te preguntara si quieres ser su amiga? Vale, quizá dicho en voz alta no suene tan guay como sonaba en mi cabeza, pero ¿por qué no volver a las viejas costumbres y relacionarnos como cuando éramos pequeños, antes de los prejuicios?

El gran problema era que la única persona capaz de poner orden dentro de mi clase no estuviese de parte del débil, no recuerdo el orden cronológico en el que sucedieron los encontronazos con mi profesora Magdalena, solo sé que el primer día de colegio ya fruncía el ceño cuando me veía, intervenía en clase o simplemente pasaba por su lado. Yo no era una niña mentirosa, aquella señora no podía hacer tal afirmación sobre mí, pero, por motivos que aún hoy desconozco, el adjetivo «mentirosa» caía sobre mí como una gran losa cada vez que abría la boca. En una clase con treinta niños y niñas de ocho años, la única figura adulta y de autoridad insultaba a una de ellas. Si eso no es sentar las bases para el desastre, no sé qué es.

Una de las ocasiones en la que me tachó de mentirosa fue cuando, en una clase de Geografía, estábamos repasando el nombre de ciudades y pueblos de España. Aparecieron varios nombres raros o graciosos y todos empezamos a decir nombres de pueblos peculiares. La cosa se desmadró un poco y ya se oían cosas como «¡pues el pueblo de mi padre se llama Culo!» y tonterías similares de niños pequeños. A mí se me ocurrió uno, un pueblo de Cantabria en donde mi abuela Maritxu (natural de Sestao) veraneaba en su infancia. Ajo. Levanté el brazo y compartí el nombre tan culinario de aquel pueblo:

—¿Ajo?

Magdalena dejó la tiza en la mesa y se puso de pie:

—¡Ya está la mentirosa! Perejil, ¡no te digo!

Los que aún estaban cuchicheando y debatiendo si Culo existía o no se callaron, todos clavaron su mirada en mí.

—¿Para eso participas en clase, para decir mentiras? —Parada de pie delante de la pizarra, de brazos cruzados y con los ojos clavados en mí ¿qué esperaba que contestara a eso? ¿Cómo le dices a un adulto, tu profesor, ni más ni menos, que no estás mintiendo? Son esos momentos que recuerdas de mayor, cuando ya tienes conocimiento, tablas y rodaje, y te vienen tantas posibles respuestas (muchas de ellas no aptas para una clase con críos de ocho años, todo sea dicho) que es casi más frustrante el que te callaras en aquel momento que haberle contestado alguna barbaridad. A fin de cuentas, soy de la generación que respetaba a los profesores.

—¡Qué mentirosa! —empezaron a cuchichear mis compañeros.

—Ven. —Magdalena se acercó al mapa de España que teníamos colgado en clase—. Señala Ajo en el mapa. —Negué con la cabeza y musité que no sabía dónde estaba—. Claro que no lo sabes, porque no existe. Cada vez que abres la boca es para mentir.

Nudo en la garganta, los ojos de mis compañeros clavados en mí, mi mirada fija en mi cuaderno y lágrimas en tres, dos, uno... ¡Aborta misión! Yo y mi manía de responder llorando cuando estaba frustrada, cortada o avergonzada ¿no me podía poner roja y ya está? Y, por cierto, no quiero que se vaya nadie de este párrafo siendo tan inculto como Magdalena, así que:

> Ajo es la capital del municipio de Bareyo (Cantabria, España). La localidad está a una distancia de 29 kilómetros de Santander, y está ubicada a 46 metros sobre el nivel del mar. En el año 2008 Ajo contaba con 1.549 habitantes (INE). Destaca del lugar su faro, situado en su accidentada costa del cabo de Ajo, que es reconocida como una Zona de especial protección para las aves.

Años después, un día cualquiera, me había pasado el recreo cantando con mis amigas Patricia, Lorena y Sara «Se fue» de Laura Pausini, con la letra escrita en un papel (que me acuerde de esto y se me olviden cosas más importantes tiene delito). Cuando estábamos entrando en clase veo que llega Juanma con barro hasta las cejas. Juanma, aquel niño-diablo de la novatada de la fila, el que siempre que pasaba por mi lado se «tropezaba» conmigo, el que en las clases de karate del AMPA siempre encontraba la forma de que se le «escapara» alguna patada, zancadilla o empujón en el gimnasio. Un primor de criatura. Encantador. Tan encantador que daban ganas de darle un abrazo... con una silla... en la espalda. Nos sentamos cada uno en nuestro sitio y empiezan los cuchicheos y risillas según los demás van viendo el estado de Juanma, empapado y calado de barro. Cuando entró Magdalena estábamos todos con los ojos como platos esperando su reacción al verle.

Magdalena se sienta en su mesa, se pone las gafas, levanta la vista y echa una mirada por la clase hasta que llega a Juanma. Se dirige a él y le pregunta qué le ha pasado.

—Es que... —Juanma se incorpora, fingiendo lloriquear y sorbiendo unos mocos imaginarios, y se gira hacia a mí—. ¡Jaurne me ha empujado!

¿Jaurne? ¿Yo? Claro, que tontería, qué otra Jaurne va a ser. Miro a Juanma, miro a la profesora, miro a mis amigas, ¿cómo que yo le había empujado?

En dos zancadas Magdalena se puso a mi lado, me agarró del brazo y, de un tirón, me levantó de la silla y me puso de patitas en el despacho del director.

Bajé llorando al despacho del director, Jacinto, amigo de mi padre y bellísima persona. Me senté y, entre hipo e hipo, le expliqué lo que había pasado. No recuerdo cómo terminó aquello, me imagino que les preguntarían a mis amigas y a los que vigilaban el patio. Aún hoy sigo sin entender por qué Magdalena dio por cierto lo que Juanma le contó sin tan siquiera preguntarme si tenía algo que decir, si había sido un accidente, ¡lo que fuera! Como adulta no me cabe en la cabeza cómo mi madre, con el carácter que tenía, no llamó más veces, dio más guerra y les cantó las cuarenta a Magdalena y sus secuaces. Tampoco entiendo cómo el profesorado pasaba estas acciones por alto. No solo era a mí a quien le tenía tirria aquella profesora, a Miguel Ángel (mi homólogo, el gordito de la clase) también lo traía por el camino de la amargura. Si viniera una de mis sobrinas contándome la mitad de las cosas que me dijo e hizo a mí esta mujer, me faltaría tiempo para presentarme en el colegio, eso os lo aseguro.

Episodios terribles como los del Juanma y el barro ocurrían casi a diario, pero recuerdo con especial horror uno de ellos:

Como yo me las daba de independiente iba sola por las mañanas al colegio. ¿He dicho ya que estaba en Narnia? Pues me reitero. De camino al colegio iba canturreando, hablando sola, saltando por los bordillos y, seamos sinceros, no soy ninguna gacela y el suelo me tiene un especial cariño. Vamos, que con mis gráciles movimientos me pegué un grácil toñazo de buena mañana y me caí de rodillas. ¿Esas mallas de Minnie Mouse que tanto me gustaban? Ahora tenían un bonito agujero en la rodilla que dejaba ver el raspón y un poquito de sangre de la caída. Estaba más cerca del colegio que de casa y tampoco es que me hubiera roto la tibia y el peroné, así que decidí seguir mi camino e ir al colegio de esa guisa.

En esa época me sentaba en la primera fila, el resto de la clase se sentaba por orden alfabético excepto yo, a quien la maravillosa Magdalena castigó a cadena perpetua en aquella mesa. Si le caía tan mal no sé por qué me quería tener tan cerca para verme la cara todo el día, la verdad.

Empezó la primera clase. Saqué mis libros, mi cuaderno y busqué la página en la que nos quedamos el día anterior. Magdalena se levantó a escribir algo en la pizarra, se giró mientras daba la lección y navegó la clase con la mirada hasta que fue a parar a mis mallas rasgadas en la rodilla.

—Jaurne a ver si tu madre te compra ropa, que ese roto ya lo traías ayer.

Me quedé tan perpleja que ni se me encharcaron los ojos, solo podía mirarla con cara de pánfila, totalmente incrédula de que acabara de decir eso delante de toda la clase y sin saber la historia detrás del roto de la rodilla. Las risitas y los cuchicheos no tardaron en llegar.

Le intenté explicar que me acababa de caer, pero me mandó callar sentenciando con lo de siempre, que era una mentirosa, y me acusó de llevar la misma ropa rota el día anterior.

Bajé la mirada al cuaderno mientras ella bufaba y retomaba la clase, y mis compañeros me tiraban papelitos con eslóganes tan directos como «cómprate ropa» y comentaban lo «guarra» que era.

¿Cómo se puede ser tan absolutamente cuadriculada, insensible y mala persona? No era cierto que el día anterior llevara esa ropa rota, ni siquiera llevaba esa ropa el día anterior. Me acababa de caer, tenía la sangre sin limpiar en la rodilla. ¿Qué tipo de persona ve a un niño herido y, en vez de preguntarle si se ha hecho daño, le recrimina, falsamente y delante de toda la clase, que su madre no le compra ropa y que no se cambia? ¿Cómo te atreves a insinuar que mi madre no se ocupaba de sus hijos y que me dejaba ir desaseada al colegio? Y, si realmente creía que llevaba la ropa raída durante varios días, ¿por qué no esperar a estar a solas y preguntarme si las cosas iban bien en casa? Si yo fuera el adulto en esa situación, lo último que se me pasaría por la cabeza sería avergonzar al niño, al que ya sé que los compañeros le dan la vara de vez en cuando, delante de toda la clase. Le separaría y, ya en privado, le preguntaría qué le ha pasado. Y vaya por delante que no soy una persona niñera. No estoy diciendo que sea descabellado o impensable el que a un adulto no le caiga bien un niño. ¿Un crío maleducado y respondón? A nadie le gusta, pero yo no lo era. ¿Faltona? No. ¿Mentirosa? No. Y sé que puedes pensar que esto es mi percepción, que es mi realidad propia y que yo lo siento así porque lo he vivido y he sufrido con ello, pero no es el caso, ya que, a lo largo de mi vida y sobre todo durante mi niñez, mi madre ha estado activamente involucrada en muchas de esas situaciones. Sé desde bien pequeña que mentir es malo, que debo ser sincera y leal. Por supuesto, mi madre también se encargó de inculcarme respeto hacia los demás y jamás respondí a nadie de malos modos.

Como es obvio, era difícil para una niña de ocho años quedarse con tanta tensión dentro, así que yo todo esto se lo contaba a mi madre, y aquel día no fue menos. No lloré, ni tan siquiera se me encharcaron los ojos de la rabia e impotencia que sentía. Mi madre me creía, sabía que no era una niña mentirosa. Es más, algunas de las ocasiones en las que Magdalena me acusó de estar mintiendo me mandó a casa con una nota para mis padres. Me da mucha rabia lo que voy a decir a continuación, pero es cierto, y es que, desgraciadamente, «eran otros tiempos». Eran los tiempos en que los profesores eran referentes intocables poseedores de toda verdad ante quienes, tanto padres como niños, solo podían asentir y callar. Creo que de ahí viene el giro de 180º que ha habido con respecto al respeto a los profesores. Los que son padres ahora son aquellos alumnos acojonados a los que algún profesor daba collejas, reglazos en la palma de la mano, gritaba o simplemente machacaba. ¿Defiendo que se agreda o falte el respeto a los profesores? Por supuesto que no, pero cuando el débil crece y el malo envejece...

Por suerte, el karma hizo su labor, por lo menos en parte, y obtuve una pequeña victoria frente a la envenenada Magdalena.

Una de las cosas por las que más caña me daba y que, probablemente, fue por lo que me empezó a llamar «mentirosa» era el hecho de tener familia viviendo en Inglaterra, familia que, por supuesto, también me había inventado según ella. Mi tía Yolanda, hermana de mi madre, lleva desde los años setenta viviendo en Inglaterra. Se casó con un inglés, sus hijos son ingleses y, a estas alturas, prácticamente ella es inglesa. Esto parecía que le tocaba alguna fibra sensible a Magdalena. Ella también era nuestra profesora de inglés (y casi de todo, como era normal en primaria). Inglés era una de mis asignaturas favoritas e intentaba hacer uso de lo que me enseñaban mis primos cuando venían de visita y de lo que aprendía en las clases extraescolares a las que asistía. Algunas de mis amigas de clase habían conocido a mi prima inglesa un día que coincidimos en verano pero, a pesar de eso, cada vez que yo mencionaba una palabra nueva, algo que me habían enseñado mis primos, una traducción o lo que fuera con lo que me había ayudado algún familiar inglés, Magdalena se encargaba de ridiculizarme y tacharme de mentirosa delante de toda la clase. Hasta que a mi madre se le hincharon las narices.

Mi tía y su familia vinieron de visita en febrero y mi madre hizo que mi tía subiera conmigo a clase cuando me llevaran al colegio. No recuerdo la conversación que tuvieron, no sé si fue en inglés o en castellano (seguro que mi tía le habló en inglés para sacarle los colores), ni la cara de Magdalena en ese momento. Solo recuerdo haber pasado esa mañana con el pecho cual palomo, hinchada de orgullo y satisfacción por mi ¡zas, en toda la boca!

Desafortunadamente, aquella victoria no sirvió para mitigar lo que el trato recibido por su parte había provocado en mis compañeros. Era fácil insultarme, pues lo hacía la profesora. Era fácil echarme la culpa de lo que fuera, la profesora les iba a creer. Era fácil reírse de mí en clase, la profesora no les iba a mandar callar. Insulto a insulto, día a día, aquella profesora me puso como diana de las burlas de todos mis compañeros. Dio el pistoletazo de salida para que me hiciera un poco más introvertida, para que no quisiera participar en clase, para que no me fiara de mis compañeros y para darme cuenta de que mis amigas no iban a dar la cara por mí según quién se metiera conmigo, aunque ellas supieran la verdad. ¿Era consciente en aquel momento de que se estaban gestando estos sentimientos? Claro que no.

Hacer a un niño dudar sobre su propio valor es la peor semilla que puedes plantar en su cabeza. Y creo firmemente en esta idea porque he crecido escuchando y leyendo artículos que explican cómo los primeros años de la vida de un niño son los más importantes, los años en los que absorbe todo como una esponja, en los que se cimientan las bases de su futura personalidad. Si esta teoría es tan conocida ¿por qué no se tiene más en cuenta en las escuelas? ¿Por qué no se hacen talleres, actividades o clases sobre el refuerzo positivo? Puede que esté lanzando balas al aire, quizás en algunos centros ya se haga, pero desde luego no en la mayoría y no en suficientes. ¿Os imagináis que desde las escuelas se ayudase a niños de ocho, nueve o diez años a identificar sentimientos positivos, a reforzarse y a alzarse los unos a los otros, a ver lo positivo en sus compañeros y en sí mismos? Consiguiendo así que se conociesen a la perfección al llegar a la pubertad, a la edad en la que nada tiene sentido, en la que eres más vulnerable. Me da mucha pena que esto suene aún como una utopía. Soy de las que cree que si criamos niños fuertes, tendremos adolescentes más seguros y menos crueles... ¡llamadme loca! Me hubiera encantado que, además de los reyes godos (conocimiento que he utilizado exactamente CERO veces en mi vida adulta), me hubieran hablado de la sororidad, de la diversidad, de la integración, de la autoaceptación. Jamás escuché esas palabras en el colegio. Quizá si hubiera un plan de estudios que se preocupase, más allá de las fracciones y los diptongos, de la educación emocional de los niños sabríamos qué lleva a los *bullies* a tratar así a los demás, y educaríamos a los más pequeños para hacerse valer y respetar a los otros, así como para hablar con propiedad y respeto, y para tener el valor de contar la verdad con coherencia y credibilidad cuando sean testigos —o víctimas— de algo que no está bien. Esto es un batiburrillo de ideas sobre qué podría mejorar en los colegios que se me viene a la cabeza a bote pronto; pero, aun así, tiene muchísima más validez que los métodos usados por Magdalena y por otros profesores de su época. Y es que, si se me ocurren a mí, una mindundi, tantas opciones, ¿quién se está durmiendo en el Ministerio de Educación en horas laborales y no pone nada de esto en marcha?

Como os iba contando antes de calentarme sobre planes de educación que nos hagan un poquito más humanos, la situación en el colegio era insostenible, así que perdí autoestima y aquello me hizo más consciente de mi entorno. Por ejemplo, en la piscina, mi lugar feliz por antonomasia, ya no eran todo risas y chapuzones, oía y era consciente de si alguien hacía un gesto, una burla o un comentario sobre mí. ¿Te ha pasado alguna vez que al aprender una palabra nueva la empiezas a escuchar en todas partes? Eso me pasó a mí con la palabra «gorda».

Estaba con mi amiga María (apodada «la gafitas», porque, como ya sabéis, todos tenemos un mote) en la piscina, mi oasis de verano en donde todo el mundo era amigo de todo el mundo. Era nuestro microcosmos estival, y, como todo cosmos que se precie, se dividía por zonas: la zona donde se sentaban las madres, la zona donde se ponían nuestros hermanos a echar sus primeros cigarros a escondidas, la zona de las chicas mayores «guais». Nosotras seguíamos cerca de la zona de madres, pero algo alejadas, porque, a fin de cuentas, ya teníamos once años (ellas iban de mayores). Había dos gemelos en la piscina un par de años más mayores que nosotras. Eran idénticos: morenos, musculados... María y yo los veíamos jugar al tenis cuando tenían partido, ¡eran guapísimos! Bebíamos los vientos por ellos, pero, en lo que a nosotras respectaba, ellos no sabían ni que existíamos.

Una tarde estábamos sentadas en la zona de las pistas de ping-pong cuando vimos que se acercaban a nosotras los gemelos con otros amigos entre risas. Empezamos a recoger nuestras cosas, si venían los mayores era lo que hacías, te ibas. Cuando nos estábamos levantando uno de ellos nos hizo un gesto para que dejáramos las cosas y nos volviéramos a sentar y se nos sentaron al lado. Nos empezaron a echar piropos, que si éramos muy guapas, que si teníamos novio, *what the fuck?!* Nosotras, ilusas de la vida, pensando que tenían un interés genuino en nosotras de entre todas las chicas de la piscina.

Tras vacilarnos un rato (que es lo que estaban haciendo), uno de sus amigos nos preguntó si queríamos a los gemelos como novios. Giré y levanté la cara para mirar a María, pero tenía la mirada clavada en el suelo y nuestros ojos no se encontraron. El gemelo que estaba a su lado le estaba acariciando el pelo y, con ese gesto tan tonto, me lo creí todo: ¡les gustábamos a los gemelos! ¿Por qué si no iban a estar allí con nosotras pudiendo estar hablando con cualquier otra chica de la piscina? ¿Nos habrían visto cuando estábamos jugando al ping-pong, o fue cuando estábamos tirándonos al agua haciendo la voltereta?

Seguí mirando a María esperando que me devolviera la mirada y poder comunicarnos, como si tuviéramos telepatía. Me di cuenta de que se estaba poniendo roja, a fin de cuentas a ella también le gustaba el chico. Aquel fue el pasatiempo que se les ocurrió entre chapuzón y chapuzón, o de camino a donde quiera que fuera que estaban yendo, encandilar y vacilar a las dos palurdas de turno. ¿Lo malo? Que nos lo tragamos enterito y yo no podía dejar de sentir la mano de uno de los gemelos entrelazada con la mía. ¿Estaba pasando aquello de verdad, era la novia del chico más guapo de toda la piscina? Me empecé a imaginar que en sus futuros partidos de tenis, María y yo seríamos las primeras damas mirándolos y animándolos desde las gradas. ¿Qué dirían nuestras amigas cuando se enteraran, nos creerían? Hablando de enterar, lo tendríamos que llevar en secreto porque mis padres no me dejaban tener novio, pero seguro que nos podríamos ver en la piscina. Tendríamos que cambiarnos de sitio en la pradera de la piscina, ahora estaríamos más cerca de las chicas guais. Ahora tendríamos un grupo de amigos y seríamos parte de esas batallas campales de aguadillas y ellos, nuestros novios, vendrían a defendernos y a vengarse de quien nos estuviera ahogando.

Unas carcajadas me sacaron de mi película mental. Seguía con la mirada fija en mi mano.

—¡Venga, que ya ha pasado un minuto! —El amigo se incorporó de la mesa de ping-pong.

—Bueno, chicas. —El «novio» de María se puso de pie—. Es que esto no va a funcionar, ¿eh?

—Bueno, feas. —Mi «exnovio» se puso la mochila y empezó a alejarse con su grupito—. Ya podéis decir que habéis tenido novio, aunque haya sido un minuto—. Todos sus amigos explotaron en risas.

—¡Vaya pibones que os habéis ligado, eh!

—¡Calla tío, que a mí encima me ha tocado la gorda!

Nos quedamos en aquel banco sentadas, en silencio, no sé cuánto tiempo. A ambas se nos cayeron un par de lágrimas, pero estábamos tan avergonzadas que no tuvimos valor de mirarnos la una a la otra. ¿Qué habían sacado con aquel numerito? ¿Qué les habíamos hecho nosotras a esos chavales? Éramos dos niñas de once años que iban a lo suyo con sus juegos y amigos de verano, sin meterse con nadie y pasando desapercibidas. ¿Qué ganaban con ridiculizarnos, tan gracioso era hacerle creer a la gorda y a la gafitas que les gustaban a unos chicos?

Yo te digo qué consiguieron con eso. Consiguieron que, aún años después y entendiendo que aquello no fue más que una broma pesada de los que también eran unos críos, me pusiera en alerta cada vez que un chico tenía un gesto amable conmigo. Que no creyera que le podía interesar a un chico y que fuera por la vida esperando el momento de «¡Ya ha pasado un minuto!» cuando alguien estaba siendo agradable conmigo. ¿De verdad que, por pesar un par de kilos de más o porque mi amiga llevase gafas, nos merecíamos esa crueldad?

Con aquel día en la piscina, y con otras muchas anécdotas similares que ya no quiero ni recordar, entendí que no eran mis kilos de más lo que sesgaba mis relaciones sociales, era cualquier cosa que se alejara de la norma, como las gafas de María. Pero, como no podía ser de otra manera, en las «imperfecciones» también había jerarquías, y la gordura iba a estar siempre de última. Fue otra lección que aprendí también junto a mi amiga María, esta vez en el barrio. Uno de mis vecinos me había caído bien, medio gustado se puede decir, durante algún tiempo. María sabía que Ángel me gustaba y cuando estábamos jugando todos por el barrio ella me ayudaba a que me tocara en el mismo equipo que él.

Un día, jugando al escondite por parejas, Ángel y yo nos escondimos en uno de los jardines entre unos arbustos. Y oye, no sé si me vino la inspiración divina, se me alteraron los niveles de adrenalina o se alinearon los planetas, pero ahí que fui yo, cuando aún creía que podía gustarle a un chaval, a un amigo, y, ni corta ni perezosa, se lo pedí. Error 404, correspondencia *not found*.

Además, por si las calabazas no habían sido suficientes, se me ocurrió soltarle un «¿Es porque estoy gorda?» en su cara de póquer. ¿Qué edad tendría yo cuando pasó esto, diez, once años? Qué triste darme cuenta de que para aquel entonces ya había interiorizado que el rechazo era culpa de mi peso. Cuando la realidad es que a aquel chaval yo no le gustaba y punto, por mil motivos o por ninguno, pero mi cabeza se fue directamente a eso, a mi peso. Y es que, inconscientemente, interiorizamos nuestro complejo y atribuimos a este nuestros fallos o problemas. ¿No me han dado el trabajo? Es porque estoy gorda. ¿No me ha pedido salir? Es porque soy fea, o porque no tengo tetas, o porque tengo los dientes torcidos, o porque soy muy bajita, o porque estoy muy delgada, o porque tengo muchas pecas... ¿Qué pasa con ese gran monstruo llamado «complejo» que nos impide alejarnos de lo bueno que tenemos y ver solo lo malo? Lo tenemos tan presente, es tan constante en nuestras vidas que no hay lugar a error, todo lo que falle fallará por culpa de esa criatura monstruosa.

Por cierto, le gustaba María. Y sí, no le gustaban las garditas.

Y todo era un suma y sigue. Los insultos de los compañeros de clase, ser consciente de las miradas, los comentarios y risas a mi paso o a mi espalda. Ser gorda ya no era algo descriptivo como ser alto, moreno o calvo. Ser gorda era un insulto.

CAPÍTULO 3

«GORDA» ES UN PROBLEMA, TÚ ERES EL PROBLEMA

A los trece años ya estaba acostumbrada. Acostumbrada a las burlas, a los pisotones accidentales, a que hablaran por encima de mí cuando intentaba contar algo y me tuviera que callar porque nadie me prestaba atención. Eran tan escasas las ocasiones en las que alguien tenía algo positivo que decir sobre mí que todavía hoy recuerdo con pelos y señales esas veces en las que yo era, por un instante ficticio, el centro de atención por algo bueno. Como aquel día de junio en que llevé pantalones cortos al colegio y Sara, rodeando mi muslo con sus manos, me dijo que no tenía las piernas tan gordas como parecía. No eran «tan gordas como parecía», que feliz me hizo ese comentario aquel día y qué cruel me parece ahora visto con retrospectiva. Y es que mis complejos terminaban por otorgarle a los demás el poder de decidir si iba a tener un día bueno o malo, y, por mucho que me supiese de memoria la frase de «No ofende quien quiere, sino quien puede», considero que es una soberana gilipollez, porque ofender ofende todo y la cuestión es aprender a llevarlo, y, como es obvio, con trece años una no dispone de las herramientas necesarias para hacerlo.

Afortunadamente yo tenía a Sara, mi gran defensora. Casualidades de la vida éramos familia lejana y, creía yo, aunque no lo fuéramos ella seguiría a mi lado porque éramos amigas. Sara era también muy alta y grande, pero ella el grande *bien*, el grande de hacer deporte y estar en forma. Tenía fama de malotilla, y lo era. Salía a las discotecas los fines de semana, fumaba, bebía, se metía en peleas cada dos por tres, se juntaba con gente mayor; si buscas «malotilla mostoleña» en UrbanDictionary sale su foto. Pero yo no le prestaba atención a eso, era una chica de catorce años con quien me reía mucho y a quien había tenido la generosidad de mostrar su lado más infantil e indefenso (como cuando tuvo varicela y fui a visitarla a su casa o cuando me confesó que llevaba relojes digitales porque no sabía leer la hora en un reloj de agujas).

Por eso quizá me resultó tan difícil entender qué pasó. Llevábamos siendo amigas cinco años, teníamos familia en común, nos entendíamos genuinamente bien (o eso pensaba yo) y un día, sin más, puf, todo se desvaneció.

Llegué al colegio después de unos días enferma, durante los cuales mi clase se había ido de excursión. Lo primero que me chocó fue ver a Fany y Ainhoa sentadas con Sara en el patio antes de subir a clase. Fany y Ainhoa eran dos chicas que entraron en mi curso ese año porque repitieron y con quienes nunca nos habíamos llevado bien. No por nada en particular, simplemente no había *feeling*. Lo gracioso es que quien no las tragaba era Sara, y Lorena y yo simplemente las ignorábamos por respaldarla. Gran error del que va a salir un gran consejo: nunca te pongas en la lista negra de nadie *por proximidad*. Es decir, si tienes un problema con alguien, tenlo. Bien sea que ha habido malos rollos, que ha hablado mal de ti, que habéis tenido algún encontronazo, lo que sea pero que sea real. Eso de «como a mi amiga no le cae bien, a mí tampoco», error. Si alguien te viene a pedir explicaciones que le puedas decir que no te cae bien por A, B o C. Si lo haces por proximidad, como era nuestro caso con Fany y Ainhoa, lo único que puede pasar es que el sujeto A y el sujeto B arreglen sus diferencias y que tú te quedes colgada fuera siendo la que no tenía motivos para estar de morros y lo estaba.

Lorena tampoco había ido a la excursión y, cuando volvió al colegio, ya se encontró aquella amistad forjada. Yo pensé: «Ok, ampliamos círculo, que no tengamos *feeling* con ellas no significa que no lo podamos tener». Cogí a Lorena del brazo y, a regañadientes, vino conmigo hasta donde estaban. Las saludé con mi mejor sonrisa y Sara ni me miró a la cara cuando me saludó. Cogió a sus dos nuevas amigas, a cada una de un brazo, una a la derecha y otra a la izquierda, y se fueron las tres sin mediar palabra. Así que Lorena y yo, por encajar, les seguimos de cerca como si fuéramos con ellas. Que Sara estuviera un poco seca no significaba que ya no fuera mi amiga, ¿no? Igual le había pasado algo o tenía un mal día...

No.

Desde el minuto uno noté el ambiente diferente en clase. Iván estaba sentado detrás de mí y no dejaba de molestar, y no en una forma bromista. Me estaba tirando del pelo, dando pataditas en la mochila, empujando mi silla con los pies, echándome papelitos, ¿qué narices le pasaba? Como estaba muy pesado, me di la vuelta para pedirle que parara y miré a Sara, normalmente en estas situaciones le hubiera dicho algo a Iván o me hubiera echado una mano, pero ¿qué estaba haciendo? Observando y riéndose. Fijé la mirada en ella esperando reconocer un gesto de broma, un gesto que significara «vale, ya está, hasta aquí», pero lo que recibí fue una mirada seca y fría.

En el descanso entre clases me di la vuelta hacia Iván para exigirle que parara con las tonterías.

—Cállate, Obélix. —Su respuesta me heló la sangre. La risa de Sara y sus nuevas amigas me paró el corazón. Hacía años que no me llamaban Obélix en el colegio; algún graciosillo lo hizo suyo al oír a las mayores llamármelo en mis años de mallas de Minnie y dos trenzas, pero, precisamente gracias a la defensa de Sara, hacía años que no lo oía.

—Ja, ja, qué gracioso, ¿de qué vas?

—¡No, ¿de qué vas tú?! —me gritó Sara desde su mesa. Aún no lo tenía muy claro, ¿era una broma? ¿Me estaban vacilando? ¿Qué había pasado para que Sara me tratara así?

Cuando sonó la campana del recreo no me atreví a ir detrás de Sara, Fany y Ainhoa como si nada. Lorena y yo esperamos dentro de clase hasta que salieron y bajamos después. Nos pasamos el recreo intentando averiguar qué había sucedido. De nuestra clase solo quedaban un par de chicas que nos dirigían la palabra y estaban tan alucinadas con las nuevas amistades de Sara como nosotras.

Cuando salimos del colegio hicimos la parada de rigor en la urbanización de en frente, en donde nos reuníamos un rato después de clase para charlar antes de ir a casa. Aquel día no había nadie. Llegué a casa y fui directa al teléfono y llamé a casa de Sara. Cogió el teléfono su hermana mayor a quien yo también conocía. Después de que Sara gritara desde otra habitación que no quería hablar conmigo, su hermana me colgó el teléfono con un «no llames más, gorda sebosa».

Estuve toda la tarde dándole vueltas. No solo me molestaba perder a Sara como amiga, sino que también me asustaba que su actitud para conmigo determinara cómo me iban a tratar los demás, como había visto aquella mañana. ¿Qué le habrían dicho de mí? ¿A lo mejor había sido por Lorena? Yo solo quería arreglarlo, que estuviéramos bien, como siempre, los últimos meses que quedaban en el colegio y luego ir al viaje de fin de curso. Ya está.

Los dos días siguientes hasta que llegó el fin de semana nos quedó claro que, fuera lo que fuera que le habían dicho o le hubiera pasado a Sara, no había vuelta a atrás. Los compañeros de clase no solo desempolvaron el Obélix del armario, sino que también rescataron el «ojos de sapo» de Lorena. En el recreo nos mandaban a niños de cursos inferiores con mensajes como «nos ha dicho la chica morena (Sara) que sois unas feas y oléis mal». Encantadores.

Los que vivían cerca de Lorena y de mí venían todo el camino a casa insultándonos y tirándonos cosas. En las clases que no nos podíamos poner juntas, porque estábamos sentados por orden alfabético, les dábamos opción a nuestros inoportunos compañeros de pupitre para susurrarnos insultos, escribir groserías en nuestras hojas y reírse de nosotras. Todo orquestado por Sara, quien siempre estaba pendiente de las burlas y las risas con una sonrisa aprobatoria.

La guerra abierta contra Lorena y contra mí acabó siendo tan sonada que traspasó las vallas del colegio y llegó a mi casa. Me acababa de levantar un domingo por la mañana y estaba preparando el desayuno en la cocina cuando entró mi padre contándome que alguien había estado llamando por teléfono sin parar de madrugada diciendo que yo estaba borracha en la calle. Me quedé blanca con la noticia, incapaz de creer que alguien de mi entorno hubiese sido capaz de hacer algo así solo por hacerme daño. Nunca supe con seguridad quién fue, pero me puedo hacer una idea. Sara sí que salía cuando quería y hasta la hora que quería. ¿Qué se creía, que a mí mis padres me dejaban estar por ahí a las cuatro de la mañana con trece años? Cree el ladrón...

Las llamadas a horas intempestivas no fueron lo único que pasó. De la noche a la mañana empezaron a llamar al telefonillo de mi casa y no contestaban, dejaban pipas enganchadas en el telefonillo para que no parase de sonar hasta que bajábamos a quitarlas, e incluso gente de clase que no vivía cerca se presentaba por mi barrio para señalarme y reírse cuando estaba pasando el rato con mis amigos.

Eso fue lo que más me molestaba. Los insultos, las pullitas, las zancadillas, los empujones, el rechazo y el marginarnos eran llevaderos mientras estuviéramos en el colegio, porque se quedaba allí. Pero venir a molestar a mi casa, intentar meterme en líos con llamaditas a deshora y de mal gusto, ridiculizarme por mi barrio, en mi zona de confort, delante de mis amigos que aún me veían con otros ojos, aunque yo ya no me viera así a mí misma. Y todo esto, ¿por qué? Aún no sabíamos qué le habíamos hecho a Sara, qué le habrían dicho o qué tendría de repente en nuestra contra como para hacernos la vida imposible. Pero todo aquello fuera del colegio sí me molestaba. Aun así, Lorena y yo seguimos con lo nuestro sin reaccionar, saltar o responder a los insultos y provocaciones. Intentamos hacer nuestras vidas con normalidad y un trabajo en grupo nos dio la oportunidad de hacer nuevas amigas. Patri, Miriam y Rocío. Rocío vivía cerca de mi casa y ya había estado en la suya (cuando tuvo varicela, yo era una de las pocas de clase que la había pasado y siempre me mandaban de avanzadilla para visitar a los que iban cayendo). Patricia y yo pasábamos juntas los recreos cuando nos quedábamos en el comedor, este era el segundo curso que yo ya comía en casa. Y Miriam era vecina de Patri pero nunca habíamos tenido mucho trato.

No hubo una invitación formal para unirnos a su grupo o juntarnos con ellas en el colegio, pero, cuando tienes a todo el mundo en contra y te sientes solo y acorralado, te aferras a la más mínima muestra de compasión que encuentras como a un clavo ardiendo.

Por desgracia, el destino aún nos tenía más metralla preparada y la guerra traspasó primero las fronteras de nuestro colegio, luego las de nuestro barrio y acabó por cruzar las vallas del colegio de al lado. En él había una chica, Sonia, la homóloga de Sara en su colegio, a quien conocíamos de pasada, nos saludábamos por la calle si nos cruzábamos y poco más. A veces coincidíamos con ella yendo al colegio (estaban valla con valla) y hacíamos el resto de camino juntas las tres. Y Sonia, con la misma rapidez y con los mismos motivos, ninguno, decidió que quería pegar a Lorena. ¿Qué narices les pasaba a estas chicas que se creaban enemigas de la nada? No había motivo alguno, por muy retorcido que seas o mucho que tergiverses las cosas, para que Sonia quisiera hacerle nada malo a Lorena. Y ahí está lo que yo no entendí en aquel momento: no les hacían falta motivos. Cuando alguien va a por ti no tienes por qué haber hecho nada, ni haber ofendido o insultado a nadie. Simplemente tienes algo que, a sus ojos, te hace vulnerable, débil, sensible; la diana perfecta. Ten presente que muchos de estos abusones tienen carencia de atención (quizás incluso de afecto o incluso son testigos de violencia) en casa, por lo que lo único que quieren lograr contigo es la atención y el respeto de otros, e incluso repetir lo que ven en casa.

Estando ya alertadas tuvimos que cambiar nuestra ruta de camino a casa. Ya no podíamos ir por donde siempre, porque nos seguían los del colegio. No podíamos ir por la ruta larga, porque pasaba por casa de Sonia y nos podíamos cruzar con ella. Acorraladas y solas, nos encontramos dando rodeos, escondiéndonos, cuidando nuestra espalda y tardando en llegar a casa perdiendo más de media hora en un camino de quince minutos escasos.

A pesar de pertenecer al colegio de al lado, Sonia tenía tantos amigos y vecinos en nuestro colegio que todos los días le llegaban amenazas a Lorena. Pero fue una la que le caló y le hizo estallar:

—Tú, cara sapo —escupió dirigiéndose a Lorena—. Me ha dicho Sonia que cuanto más te escondas y más tarde en pillarte, peor va a ser.

Clavé mi mirada en Lorena esperando que me la devolviese y tranquilizarla, yo estaría a su lado. Pero no me miró, solo bajó la cabeza y se hundió en su silencio. Cuanto más lo pienso y más lo recuerdo, más cuenta me doy de la actitud pseudomafiosilla que llevaban los críos de aquel barrio. Pero vamos a ver, niñato, ¿quién te crees que eres pasando mensajitos y amenazas? ¿Sony Corleone? Es innegable que somos animales, unos más razonables que otros, y esta ansia de escalar en el grupo, de ser el macho o la hembra alfa y dominar tiene que ser un vestigio de cuando éramos monos meando para marcar territorio.

Al día siguiente por la mañana Lorena me estaba esperando en nuestro punto de encuentro habitual. Cuando empezamos a andar en dirección al colegio por la nueva y tercera ruta, me agarró del brazo y se frenó en seco. Lo había estado pensando durante la noche y no se quería esconder más de Sonia. Decidió que, si tenía que pasar, lo mejor sería que pasara ya.

Cambiamos de ruta y nos dirigimos al colegio por debajo del puente. Una vez llegamos allí, era algo pronto, nos sentamos a la salida del puente esperando a Sonia, una frente a la otra. Me fijé en que Lorena se había puesto sus botas Art (unas botas de montaña grandes y bastas que solo usaba los fines de semana), y, con un trozo de celo, había pegado una chincheta en la punta de cada bota. Me hizo gracia y dio pena a partes iguales, y fue en ese momento cuando me di cuenta de por qué se metían con nosotras, éramos el blanco perfecto. ¿Qué una tía que no levantaba medio palmo del suelo nos iba amenazando de boquilla? Allí estábamos nosotras acojonadas, sin dormir, y armadas con chinchetas.

Sonia no tardó en aparecer. En cuanto nos vio allí sentadas entendió perfectamente que habíamos acudido a su reclamo. Y, sin mediar palabra, Lorena se lanzó a por ella. Enseguida se notaba quién tenía experiencia en peleas y quién no. Lorena fue directa a coger a Sonia del pelo, mientras que Sonia lanzaba puñetazos hacia arriba acertando en la cara de Lorena, quien reaccionaba zarandeándola de lado a lado.

El instinto me hizo ponerme de pie y avanzar hacia ellas, y frené justo cuando iba a coger a Sonia por detrás para separarlas. No me podía meter. Lorena quería que fuera una contra una, si yo intervenía sería una encerrona en toda regla, diría que le habíamos asaltado entre las dos y por la espalda. Lo que sí hice fue rogarles que pararan.

Tengo que reconocer que me quedé sorprendida, pensé que le tendría que pedir a Sonia que parara, pero era Lorena la que llevaba la batuta. Sonia se había encogido y se estaba protegiendo la cabeza con las manos mientras que Lorena le había soltado el pelo, pero la tenía sujeta por la camiseta con una mano y con la otra le estaba dando puñetazos en la espalda y la cabeza. Me chocó tanto aquella imagen. Sonia la malota, la agresiva, la perdonavidas, la temida contra Lorena la delgaducha, la pelo tazón, la ojos de sapo que casi se tenía que meter piedras en los bolsillos cuando hacía viento para no salir volando. ¿Es a eso a lo que quedaban reducidas todas las de su calaña, a ladrar pero no morder? A juzgar por lo que estaba pasando delante de mis ojos, sí.

Volví a pedirles que pararan, que ya habían tenido lo que querían. Lorena la soltó de un empujón. Sonia fue hasta su mochila, pelo enmarañado en la cara y hecha un desbarajuste. Arrancó la mochila del suelo y nos empujó al pasar entre nosotras berreando:

—¡Te creerás muy valiente pillándome cuando estoy mala! —iba gritando mientras se alejaba. Frenó en seco, se giró y nos señaló con el dedo—. ¡Esto no va a quedar así, hijas de puta!

Nos tomamos unos segundos para digerir lo que acaba de pasar. ¿De verdad habíamos sido tan estúpidas como para meternos en la boca del lobo y creer que con aquello se quedaría contenta? Claro que no. No solo Sonia no había salido ganando, sino que no había tenido público, que era lo que le gustaba. Acorralar a alguien que le tiene miedo, rodearse de amigos y abofetear a su víctima sin que respondiera como le habíamos visto hacer alguna vez y nos habían contado otras tantas, eso era lo que le gustaba. ¿Hacerlo equitativo y de forma igualitaria? Parece ser que eso ya no le gustó tanto.

Nos sacó de la nube la madre de Sonia, que había visto toda la escena desde la terraza y bajaba, palo de fregona en mano, a ajusticiar a su hija en lo que creía había sido una encerrona. Lorena me agarró del brazo y echamos a correr. Sonia contaba muchas peleas y batallitas, pero nunca nos contó que su madre la guardaba desde la terraza en su camino al colegio. Demasiado tierno para ella, imagino.

Cuando llegamos al colegio la gente ya estaba murmurando y se escuchaba el nombre de Lorena por los corrillos. Fue en esa primera hora de clase cuando me di cuenta de que no habíamos pensado esto bien, no habíamos calculado las consecuencias. Lorena, con toda su buena intención, inocencia y motivada por el miedo pensó que algo «justo» zanjaría el tema. Error. Ahora Sara, como malota oficial del colegio, tenía una misión: primero, hacer justicia a su colega; segundo, «ponernos en nuestro lugar». ¿Cómo osábamos, nosotras insignificantes palurdas, enfrentarnos a alguien de cara y encima salir mejor paradas? En el retorcido mundo de Sara eso debía subirnos de nivel o darnos algún tipo de punto que ella no podía tolerar que tuviéramos. Al mismo tiempo, esto le daba la oportunidad de demostrar que ella era más mala y más bruta que Sonia, que ladraba mucho, pero, a fin de cuentas, Lorena, la ojos de sapo, le había curtido el lomo.

Estábamos en los minutos entre primera y segunda hora esperando que llegara el profesor cuando noté que alguien se me acercaba por detrás y me pasaba la mano por la espalda. Sara se inclinó hasta que estuvo a mi altura. Ya se habían enterado de la pelea de Sonia y Lorena y venían a dejar claro que no iba a ser la última que tendríamos. Intentó utilizar como excusa que le habíamos hecho una encerrona a la otra, que habíamos intentado ser esto o lo otro, realmente estupideces, lo único que quería era acojonarme un poco delante de los demás y recalcar su posición.

En el recreo nos olíamos la cantata e intentamos quedarnos escondidas en el baño del primer piso, pero el profesor de guardia nos pilló y nos mandó al patio. Nos quedamos, no muy disimuladamente, detrás de las profesoras que vigilaban el recreo. Debieron pensar que las estábamos intentando espiar porque, cada vez que se alejaban un poco, probablemente para tener un poco más de privacidad en su conversación, Lorena y yo las seguíamos y no nos alejábamos de un radio de cinco metros de ellas.

A los diez minutos de recreo Fany se acercó a nosotras. Ni nos miró a la cara, solo pasó el recado cual paloma mensajera:

—Sara quiere hablar contigo, contigo, contigo y contigo. —Mascó chicle y señaló a cada una al compás. A todas menos a mí.

Patricia me miró, se encogió de hombros y se fueron detrás de Fany sin rechistar. Yo las intenté seguir con la mirada, pero no podía hacerlo directamente porque Sara me estaba mirando. No pasaron más de dos minutos cuando Lorena volvió, sola, para darme ella ahora un recado. Hizo un gesto para que nos alejáramos un poco de las profesoras, se puso delante de mí y me miró fijamente a los ojos. Vi compasión.

Compasión o no, el mensaje era claro, ya no se «podían» ir conmigo. De las otras no esperaba mucho, se habían visto arrastradas al rollo sin quererlo, pero ¿Lorena? ¿La que esta mañana quería zanjar las cosas y plantarles cara? ¿Ahora no se «podía» ir más conmigo? Aun sabiendo perfectamente de donde venía la orden, porque eso es lo que era. No me dio más explicación que aquella frase que hablaba por las cuatro, ya no se *podían* ir conmigo.

Aquello dio el pistoletazo de salida a muchos recreos en el aula de Religión leyendo mientras la profesora dibujaba o leía algo también. Me preguntó qué había pasado con mis amigas, por qué estaba sola y por qué decidía estar allí en vez de en el recreo. No le dije nada, otra oportunidad de haber hablado desperdiciada. Simplemente le dije que mis amigas y yo nos habíamos enfadado y que no quería estar en el patio. Pareció servirle, no insistió más.

Llevaba ya unos cuantos días pasando el recreo en el aula de Religión cuando, en la última clase antes del descanso para comer, me llega un olor a pollo quemado. Fernando, amiguito de Sara, me estaba quemando el pelo, en clase, con un mechero. Me di la vuelta y le pegué un manotazo en la mano, con la mala suerte de que eso fue lo único que el profesor vio y, como era de esperar, me llamó la atención. Sin saberlo y por defenderme les había dado lo que querían, una excusa.

Cuando sonó la campana a las doce y media recogí mis cosas con normalidad. Al llegar a las escaleras alguien me echó el brazo por encima, era Sara y su séquito, y, por supuesto, tuve que atender a su orden directa de acompañarlas a no sabía dónde para que ella se pusiera su medallita.

Para quemar mis últimas naves, intenté hablar con ella, apelar a la amistad que habíamos tenido y a la persona inocente que sabía que tenía dentro. Y, por primera vez en mucho tiempo, me atreví a mirarla a los ojos. Le dio igual. Ni amistad, ni relación familiar, ni nada. Ella quería su muesca en el cinturón. Y fue en ese momento, ya casi saliendo del edificio hacia una paliza segura, cuando vi la solución a mi problema. A la derecha estaba la salida del edificio, pero unos metros más allá estaba «Dirección». ¿Sabes esas escenas en las películas en las que el protagonista tiene que elegir entre dos caminos, uno luminoso y seguro y el otro oscuro y peligroso? Pues Dirección a mí me pareció el mismísimo cielo.

Cuando estábamos a la altura de la puerta y el grupo de gente ya giraba para salir del colegio, retorcí el hombro en el que estaba apoyada Sara y apreté el paso entre los niños que venían de frente a nosotros hacia la salida también. Cuando quisieron venir a por mí ya estaba dentro de Secretaría pidiéndole a Jacinto, director del cole y conocido de mi padre, que me llevara a casa. Nunca se lo había pedido, por lo que me preguntó a qué se debía. Tragué saliva, no quería tardar mucho en contestar para no parecer sospechosa, pero de verdad que no sabía qué decir. En casa apenas había comentado lo que pasaba en el colegio, mis padres sabían que había cambiado de amigas y que ya no me hablaba con Sara, que quien hacía las llamadas de los fines de semana probablemente fuera alguien del colegio, pero no les había contado qué estaba pasando realmente. ¿Se lo debía contar a Jacinto? Obviamente algunos profesores sabían qué estaba pasando, habría que ser muy ciego o muy estúpido para no ver a dos docenas de niños metiéndose con una. ¿Qué me haría Sara si lo contaba? Porque a ella estaba segura de que no le harían nada, aún faltaba una década para que se acuñara el término «*bullying*» y aquello aún eran «cosas de niños». Y si eres el niño que se quejaba, encima eras el chivato y el repelente, el que es un débil que no aguanta nada. Decidí no contarle nada a Jacinto, pensé que sería peor la represalia que lo que pudieran hacer los adultos, así que simplemente le dije que quería llegar pronto a casa.

Es algo que tardé muchos años en comprender: cuando eres joven, cuando estás en esa situación, ese microcosmos es todo tu mundo. Todo lo que pasa entre las cuatro paredes del colegio es lo único que existe, no hay más allá, no hay un después, no le puedes pedir a un niño de trece años que tenga visión de futuro. Lo único que ven es el aquí y ahora. Por eso es tan importante el mensaje de «las cosas mejoran» (*it gets better*), porque los que lo hemos pasado, los que podemos ver la situación desde fuera, sabemos que hay un después, que hay un mundo nuevo por explorar, que lo que estás viviendo en el colegio no representa ni el uno por ciento de lo que va a pasar en tu vida, y que la gente que ahora te rodea, te molesta, te hace la vida imposible, los que te quitan el sueño, por increíble que parezca, muy muy pronto no van a significar nada, no van a ser parte de tu vida y no tendrás que volver a verlos. Sé que suena lejano, sé que pensarás que ese no va a ser tu caso, sé que crees que si pasas un solo día más así no lo podrás soportar, pero si hay algún mensaje de todo este libro que quiero que creas es este: **TODO MEJORA**.

Guardo un buen recuerdo y aprecio a Jacinto, pero de verdad que algo fallaba en aquel colegio para que no se dieran cuenta de nada. La división que hubo en la clase, una niña marginada, los comentarios, burlas, zancadillas, que me pasase sola los recreos en el aula de Religión con una profesora, ¿y que nadie se plantease por qué? En serio, ¿a nadie le pareció raro?

A los cinco minutos salimos, uno al lado del otro, camino al *parking* de profesores. Todo el trayecto, desde la Dirección a la salida del colegio, pasando por el aparcamiento e incluso fuera de las verjas los alumnos de los tres colegios de la zona miraban atentamente cómo me iba con el director. Habían ido allí a ver una pelea y solo se habían encontrado con una cobarde intentando escabullirse respaldada por el adulto de turno.

Por si mi huida hubiese sido poco, a la hora de la comida me esperaban más emociones fuertes. Mis padres estaban en Inglaterra visitando a familiares y mi abuela había venido a casa a quedarse con nosotros. De todos los adultos a los que podía haber elegido para contarles lo que estaba pasando, me tocó contárselo a mi abuela Maritxu (no me quedó otra), desencadenando así un pulso verbal entre ambas. Yo no sé cómo serían las niñas en Bilbao, pero o mi abuela estaba hecha de otra pasta o no entendía realmente la gravedad de la situación. Quizá pensaba que era una trifulca, una chiquillada. No, abuela, me iban a partir la cara, tal cual, me iban a calentar el morro a base de bien. Bendita inocencia la de mi abuela que no sabía cómo estaba la juventud. Seguramente con su mejor intención, abalada por su personalidad dura como una roca y por su desconocimiento de lo que realmente pasaba, me obligó a seguir yendo al colegio.

No haber dicho nada en casa, que mis padres no supiesen nada, no haber llegado a casa con marcas o contando qué nos habían hecho, que nos seguían, escupían, empujaban e insultaban me hizo entender y asumir que, si quería que la situación cambiase, tenía que hablar de ello cuanto antes. Sin embargo, seguramente por miedo, todavía permanecí callada más tiempo.

Las dos clases que teníamos por la tarde fueron su precalentamiento. Tanto Sara como algunos de sus secuaces se pasaron las dos horas tirándome papeles con amenazas, pasando por mi lado con la excusa de ir a la mesa del profesor o a la papelera solo para «tropezarse» contra mi mesa, lo que hacía que «accidentalmente» me dieran patadas en el tobillo, bofetones en la cabeza o codazos en la espalda, llegando incluso a quemarme media mochila con un mechero. Entre clase y clase media jauría de críos coreaba «pelea, pelea, pelea», mientras la otra media callaba con miedo.

La gota había colmado el vaso, así que cuando entró el profesor para impartir la segunda y última clase de la tarde, no lo pude contener más y me puse a llorar. Silenciosamente, en privado, en medio de aquella multitud de animales, con la cabeza agachada entre mis manos y la mirada fija en mi mesa. El profesor no se dio cuenta. ¿Tampoco se dio cuenta de la decena de adolescentes berreando «pelea, pelea, pelea», tirándome lo primero que pillaban, pinchándome por detrás? Parece que no. Ya se sabe, cosas de niños.

A las cuatro y media sonó la campana. Como una coreografía bien estudiada, varios de los secuaces y amigas de Sara me rodearon mientras recogía las cosas de mi mesa. Llevaba razón Sara, esta vez sí me iba a ir con ella. Bajé por las escaleras con un círculo de gente pegado a mí. Cuando llegamos a la planta baja Sara apareció de entre la multitud y echó su brazo por mis hombros. No dijo ni media palabra, lo cual me resultó más terrorífico aún. No sé, amenázame con alguna tontería que me haga ver que no va a ser para tanto, o dame un par de collejas a modo última advertencia, cualquier cosa menos callarte, joder.

Me escoltaron hasta la urbanización de en frente. Cuál fue mi sorpresa cuando al llegar a los soportales descubro a un grupo de diez o doce personas ya allí. Isabel, la hermana mayor de Sara, sus amigas (que habían sido las mayores del colegio hasta que se fueron al instituto hacía tres o cuatro años) y muchos chicos mayores que no tenía ni pajolera idea de quiénes eran. ¿Qué edad podrían tener? ¿Dieciocho, veinte, veintidós? ¿Qué hacía aquella gente en una trifulca de patio de colegio, no tenían mejores cosas que hacer? Y en ese momento me di cuenta de cuál fue mi error. Al haberme escabullido a la hora de la comida Sara tuvo tiempo de llamar a su hermana y amigas para el segundo *round*, el bueno. Eso pensé en aquel momento. Viéndolo con perspectiva mis errores fueron otros, como no decirle al director qué pasaba, no haber ido al colegio aquella tarde o hasta que mis padres fueran a hablar con la dirección, o no haberme puesto a gritar como si no hubiera un mañana cuando me estaban llevando de la mano al matadero.

De la nada aparece mi amiga Lorena quien me ayuda a quitarme la mochila (no me la quería quitar, gracias) y me dedica una sonrisa de apoyo. ¿Por qué narices me sonríes? ¡Ve a buscar al primer adulto que te encuentres, tía!

—Bueno. —Sara también se había quitado la mochila—. Dime a la cara qué has dicho de mí.

¿En serio? No, o sea, Sara, ¿en serio? Todo lo malota y experimentada partecaras que eres ¿y me vienes con el «dime qué has dicho de mí»?

Para quien no haya presenciado peleas de niñatas, el «dime qué has dicho de mí» es eufemismo de «he reunido aquí a esta gente y alguna hostia te vas a llevar porque tengo que dar espectáculo, así que di algo». No falla. Y es en ese momento cuando, seas la que quiere pegar o a la que van a pegar, te das cuenta de que ha ido demasiado lejos y ahora no te puedes echar atrás. Tengo la teoría de que, si alguien te quiere dar una hostia, te la da. Ni avisos, ni grupitos, ni citaciones. Toda aquella parafernalia era por el *show*, el espectáculo de preparación organizado por la que iba a salir ganadora.

Negué con la cabeza, no recuerdo que llegara a decir nada, simplemente negué porque ella sabía perfectamente que no había dicho nada y prefería ahorrarme saliva y vigilar por dónde me iba a llegar el primer guantazo.

Sorprendentemente Sara no terminaba de arrancar. Esperaba que viniera a por mí como un miura, algún tipo de forcejeo sin miramientos y la pertinente hostia bien dada, pero se hacía la remolona. Tanto fue así que los espectadores se empezaron a poner nerviosos, y cayó el primer bofetón en la cabeza, por la espalda. Cuando me di la vuelta para ver quién fue estaban varios de mi clase empujándose unos a otros contra mí. En ese momento se desató todo. Las amigas de Sara le azuzaban para que me diera, los cinco o seis que estaban más cerca detrás de mí empezaron a soltar patadas y puñetazos a discreción. Solo recuerdo pensar «no la pierdas de vista» para verla venir de frente mientras me estaban cosiendo a patadas y bofetones por la espalda.

Aún Sara no había dado un paso al frente cuando llegó un chico más mayor que nosotros, no sé de dónde salió ni quién era, pero está claro que se percató de la situación y de la inferioridad de números e intercedió por mí. Se puso a mi lado e intentó disolver a la gente. No le conocía de nada, pero se acababa de convertir en mi persona favorita ¡me iba a librar, me iban a sacar de allí! No duró mucho mi entusiasmo. Los amigos de la hermana de Sara se metieron y le amenazaron con que se fuera si no quería ser el siguiente. El chico me miró con cara de «lo he intentado», pero se tuvo que ir. Hoy lo entiendo perfectamente, no le guardo ningún rencor por haberse ido. Lo intentó y, por un momento, se me abrió el cielo pensando que me iba a sacar de aquella batalla campal. Cierto, no lo hizo y la decepción fue doble, pero me dio esperanza ver que un chaval que no conocía de nada se estaba jugando el tipo por echarme un cable. Por favor, si algún día te encuentras con una situación similar, sé ese chaval.

Aún estaba mirando al chico alejarse cuando alguien se tiró contra mí y me estampó de lleno contra la pared. No hay más que decir de los siguientes segundos porque fueron una lluvia de puñetazos, patadas y bofetones que no sé ni de dónde vinieron ni de quién, lo único que pude hacer fue taparme la cabeza con los brazos.

De repente alguien me tiró del brazo sacándome de ese barullo, era Sonia:

—Venga tranquila, Miren. —Con una mano me limpiaba las lágrimas y me colocaba el pelo y con la otra me sujetaba de la muñeca—. Cuanto antes le digas a Sara lo que te ha preguntado, antes termina esto.

Me quedé clavada en sus ojos, ¿lo decía en serio? ¿Por qué estaba siendo tan amable conmigo? ¿Estaba siendo sincera? Aún estaba intentando adivinar sus intenciones cuando con la agilidad de un ninja, se agachó de cuclillas tirando de mi muñeca y gritó: «¡Vamos, Sara, ahora!». Y ahí sí, sin esperar más y sin que me diera tiempo a entender qué estaba haciendo, Sara soltó su mejor derechazo directo a mi pómulo. Me dio con tanta fuerza que me crujió la mandíbula, vi las estrellas, literalmente, y me rajó la ojera con los anillos. Intenté recomponerme lo más rápido que pude, no llegué a perder el equilibrio y me llevé las manos a la cara cuando noté que algo resbalaba pensando que era un escupitajo. Era sangre, sangre del rojo más intenso y más vivo que jamás había visto. Y ahí algo me hizo clic. Llámalo «miedo», «*panira*» (pánico + ira) o como quieras, en ese momento en el que me brotaba sangre por la cara me di cuenta de que era algo más que una medallita lo que se quería poner, querían sangre de verdad y o reaccionaba o la conseguirían. Sin tener ni idea ni saber cómo, me lancé hacia ella soltando puñetazos y patadas en su dirección hasta el punto de hacerle retroceder contra una columna. Yo no pensaba, no estaba ni fijándome en dónde le daba, creo que no tenía ni los ojos abiertos, pero llegué a ese punto de pánico de «o como o me comen».

En el momento que Sara quedó acorralada contra la columna dos o tres personas, una de ellas su hermana, tiraron de mí hacia atrás y me lanzaron de nuevo contra la pared, dando paso a otra tanda de guantazos, patadas, escupitajos y puñetazos. Y fue ahí, acurrucada contra la pared, con la sudadera llena de escupitajos, quemada, con el pelo quemado, el ojo negro, la cara sangrando y el cuerpo entero dolorido cuando dije «se acabó, huye».

Vi mi mochila tirada en el suelo, los cuadernos y libros desperdigados, los cierres rotos y los bolsillos quemados y fui, no sé muy bien cómo, sin correr tan siquiera, directa a por la mochila. La recogí de un tirón y seguí andando hacia la valla. Mirando atrás creo que en aquel momento todo el mundo entendió que ya era suficiente. Todos habían tenido la oportunidad de participar, o bien con una patada por la espalda, o reventando mi mochila abandonada en el suelo, o con una donación de saliva en mi pelo y ropa. Sara había tenido su momento de gloria, me había rajado la cara, y por un segundo las cosas se le pusieron difíciles. Parece que todos quedaron contentos y por eso se me permitió salir.

Ese es el fin del *bullying*, humillar. No son problemas de ira, no es necesariamente con un fin violento, es simple y llanamente humillar, ridiculizar.

Salí a paso rápido de la urbanización y entré en una papelería («el carero» llamábamos al establecimiento, benditos). Como si no pasara nada me puse a ojear el mostrador mientras la dependienta me miraba atónita. Le pregunté si podía hacer una llamada y me dijo que sí, pero en casa nadie me cogió el teléfono. La señora no me hizo muchas preguntas, me imagino que con verme se respondían solas. Superamable, me dio un pañuelo de papel para que me limpiase la sangre de la cara y se ofreció a acompañarme a casa, pero le dije que no, que podía ir sola. Es curioso que, cuanto menos crees que vales, te da más miedo aceptar cualquier favor o amabilidad que alguien tenga contigo porque sientes que molestas, que lo hacen por compromiso o que vas a dar problemas. Claro que quería que aquella señora me acompañara a casa, seguía en el barrio de Sara y estaba viendo a algunos de los de la pelea correr por delante de la tienda (buscándome, imagino), y, sin embargo, solo podía pensar en que ya bastante amable había sido dándome un clínex.

En mi casa ni se planteó el poner una denuncia, es más, ni me llevaron al hospital. Me paseé unas semanas con el ojo negro, un corte en la cara, arañazos en el cuello y los brazos y las piernas llenas de cardenales, pero parece ser que aquello seguía siendo cosa de niños. Ojo, no les recrimino a mis padres no haber hecho algo más. Tendría que haber sido un trabajo conjunto para que hubiera tenido efecto. Que mis padres denunciaran no habría servido de nada si el colegio no hubiera tomado medidas también. Y que el colegio tome medidas tras una denuncia de mis padres no sirve de nada si la policía no hubiera estado muy al tanto y pendiente de la situación para evitar represalias. ¿Veis la maquinaria que se ha de poner en marcha? En todos los casos de *bullying* posteriores que han llegado a los medios (en la mayoría porque el menor acosado ha terminado, desgraciadamente, quitándose la vida) es muy fácil detectar qué eslabón de la cadena para proteger al menor ha fallado. Y, casualmente, casi siempre es el colegio. Hola, directores, jefes de estudio y profesorado de España: ¿qué os pasa? ¿A estas alturas lo seguís considerando cosas de niños? ¿Os da miedo vuestra reputación o la de vuestro centro? ¿Os supone demasiado trabajo, para lo mal remunerado que está el puesto, prestar especial atención a los críos a vuestro cargo?

Sabiendo que el colegio no iba a hacer nada, estoy segura de que, si mis padres hubieran denunciado, hubiera empeorado mi situación en el colegio las semanas que quedaban de clase y el castigo o pena para Sara tampoco hubiera sido algo satisfactorio, por lo menos para nosotros.

Pero que esto no os desaliente para denunciar, nunca. Siendo yo y siendo ahora, por supuesto que denunciaría. Que haya registro de todo, que todo el mundo sepa lo que te está pasando, que nadie pueda decir «no sabíamos nada» o «nadie se lo esperaba». Si te está pasando algo, asegúrate de que siempre haya un responsable, alguien que no duerma por la noche buscando una solución a lo que te está pasando. Incluso si un día explotas y eres tú el que le cruza la cara al acosador, que por lo menos no te pregunten a qué se debe. ¿Que a qué se debe? Pues ya lo sabes.

Mi madre organizó una cita con el director, quien a su vez citó a Sara y a su madre. Recuerdo aquella reunión en el despacho de Dirección como la primera gran interpretación que viví en persona. Sara, la bravucona, la malota, la perdonavidas en el papel de víctima. ¿De verdad su madre conocía tan poco a su hija? ¿Tan engañada la tenía? La mujer entró en el despacho hecha una furia, gritándole a mi madre que su hija era una salvaje. Yo, con mi ojo negro y mi cara rajada, flipando en colores. ¿Qué salió de aquello? NADA. El colegio no hizo absolutamente nada, no hubo ningún tipo de represalia ni se pusieron medidas de ningún tipo para evitar que volviera a pasar. Es más, las semanas restantes de curso (afortunadamente esto pasó en mayo, a un mes de terminar) siguieron las coñas, las burlas, los empujones accidentales y los recreos en el aula de Religión leyendo. Obviamente también me quedé sin viaje de fin de curso, que eso es lo que más rabia me daba.

¿Qué mensaje me mandó con esto el colegio? Que les daba igual. Que les importaba un bledo. Que no estaban lo suficientemente bien pagados como para hacerse cargo de algo más allá de los ríos y sus afluentes. Es cierto, y así lo creo, que el profesorado de este país sigue siendo tratado como canguros que cobran por horas y a los que es lícito encargar la tarea de poner firmes a niños malcriados o faltos de cualquier tipo de disciplina. Y, en los últimos años, los maestros encima están amedrentados y se encuentran totalmente indefensos ante criajos a quienes sus padres no han enseñado educación y respeto en casa. Eso se lo concedo, pero con lo que no claudico es con la sensación, en mi caso en particular, de que mis profesores estudiaron Magisterio con el único fin de enseñar una asignatura —o tener un trabajo estable como funcionarios— y nada más. ¿Acaso creían que su tarea en el futuro sería la de programar robots? Si lo que quieres es un trabajo estable de nueve a cinco en el que no tengas que lidiar con gente, haber opositado para cartero, oiga. O para agente forestal, y así te pierdes un poquito en el monte y te da un poco el aire.

Como adulta (a la que no le gustan los niños para más inri) puedo entender la desidia o el cansancio que se pueden acumular al aguantar a una treintena de niños gritones y desobedientes ocho horas al día, POR ESO NO ME HICE PROFESORA. ¿Me gustan los niños? No. ¿Trabajo con niños? NO. Pero creo que, al igual que llego yo a esta conclusión, puede llegar una persona a lo largo de cinco años de carrera universitaria y unas oposiciones. Lo siento, pero hay ciertas carreras en las que no se puede permitir ese pasotismo. Un bombero, un médico y un controlador aéreo tienen que estar al cien por cien para llevar a cabo sus funciones, y el no desarrollarlas correctamente puede acarrearles graves consecuencias. ¿Qué consecuencias tiene para un profesor, o para todo el profesorado de un colegio, el que uno de sus alumnos sea agredido? ¿Qué parte del profesorado de su colegio de Gijón se hizo responsable del suicidio de Carla? Y en el colegio de Madrid al que iba Aránzazu hasta que decidió tirarse por la ventana, ¿quién se hizo responsable de dicho acto? Y en Hondarribia ¿a qué profesores del instituto de Jokin se responsabilizó cuando se quitó la vida tras años de malos tratos y vejaciones en sus aulas? A NINGUNO. Pero ¿qué barbaridad es esta? ¿Es comprensible que en un entorno en el que los adultos deberían ser figuras de autoridad sean los niños los responsables de lo que pasa? Ojo, no estoy diciendo que los acosadores y agresores no deban pagar por sus acciones, PERO EL PROFESORADO TAMBIÉN. Si vieras a una madre paseando con su hijo pequeño, y el niño estuviese tirando piedras a tu ventana, ¿le llamarías la atención al niño o a la madre? Como adulto responsable de ese menor, a la madre, ¿verdad? Entonces, ¿por qué en los casos de *bullying* se culpa solo a los —menores— agresores? ¿No había profesores, adultos responsables con dos ojos en la cara y una boca para contar lo que están viendo en el colegio? Si ni quieres ni estás preparado para tratar con menores y toda la complejidad y necesidad emocional que les rodea, de enterrador siempre hace falta gente.

Después de soltar un poquito de bilis se me ocurre que quizás en algún punto de mi historia te haya dado por pensar que al ser el director amigo de mi padre habría algún tipo de favoritismo conmigo, pues, fíjate, resulta que yo no era digna ni de eso. Sara se llevó su medallita, yo me quedé con los golpes y con el recuerdo de que eso es lo que me merecía. E incluso si pensaba que no me lo merecía, eso era lo que la sociedad estaba dispuesta a luchar por mí, nada. Me podían insultar, pegar, escupir y hasta quemar que ellos se encogían de hombros, total, qué le iban a hacer. ¿Te haces una idea del mensaje que se le da a un crío cuando no actúas? Que es una mierda, que se merece lo que le pasa, que nadie va a mover un dedo por ayudarle, que trague y aguante porque lo más seguro es que se lo tenga bien merecido. ¿Plantar y regar esa semilla en la cabeza de un niño no es lo mismo que esconder un cóctel molotov en una gasolinera? Me había quedado claro no solo que ser gorda era un problema, sino que el problema era yo.

CAPÍTULO 4

BUCEANDO CON LAS GAFAS SUCIAS

A pesar de todas las terroríficas aventuras vividas durante el curso, llegó el verano, y, con él, las cosas comenzaron a calmarse. Sabía que en septiembre empezaría el instituto y que nadie de mi colegio había elegido el mismo que yo, así que, al menos en parte, podría empezar una nueva etapa y tenía esperanzas de hacerlo con mejor pie que la anterior. Disfruté de mi primer viaje al extranjero, y disfruté del que, y esto por desgracia lo sé ahora, sería el último verano en que me atrevería a ponerme un bañador.

Tras esas vacaciones llamé a Paula, una de mis amigas de la piscina. Era muy divertida, hacía el ganso como la que más y siempre tenía ganas de pasárselo bien. En solo un verano nos hicimos inseparables. Sin saberlo en ese momento, creo que lo que me salvó de desarrollar mi lado más introvertido y quedarme encerrada en casa fue lo social, extrovertida y algo gamberra que era Paula; naturalidad en estado puro. Éramos la combinación perfecta y ella era lo que nunca había tenido y lo que más necesitaba en ese momento: una mejor amiga. La amistad, *spoiler alert*, terminó como el rosario de la aurora y lo cierto es que Paula es una de las personas que peor me ha hecho sentir conmigo misma (a veces adrede, a veces no); pero al

César lo que es del César, en el verano de 1997 era exactamente a quien necesitaba a mi lado para construir los pilares de la que sería mi personalidad.

Para explicar un poco el papel de Paula en mi vida debo remontarme a unas vacaciones en Inglaterra visitando a mi familia inglesa (falsa, según Magdalena), mi madre me había comprado un bañador blanco de Adidas. Paula estaba enamorada de aquel bañador y del gran logo de la marca que tenía en el pecho. Siempre que me lo ponía lo alababa y me decía que me quedaba genial, ¡aquello era tan nuevo para mí que hasta me costaba creérmelo! Que alguien me estuviera viendo en bañador y echándome piropos, novedad total. La cruda realidad era, y esto tardé un tiempo en descubrirlo, que a Paula se la traía bastante floja como me quedaba, simplemente le gustaba que quien fuera con ella llevara algo de marca. Triste pero cierto.

Yo, que ya no veía a la gente tan guapa o fea como fueran sus sentimientos y acciones —una lástima cuando perdemos nuestra bonita forma de ver la vida con el tiempo—, me di cuenta de que estaba celosa de Paula a pesar de encontrarla fea. Mis nuevos prejuicios me decían que Paula era tirando a feúcha, dientes partidos, amarillentos, ojillos muy pequeños, la espalda llena de acné, encorvada, pero, aun así, me sentía inferior a ella, ¿por qué? Porque tenía el cuerpo que yo, fuera consciente de ello o no, quería. Y es que aquella adolescente, alimentando el runrún y el gran monstruo del complejo que campaba a sus anchas en mi cabeza, era casi tan alta como yo y delgada, muy delgada. A aquello se reducía todo. Es duro reconocer en voz alta que así es como veía a la gente, que cuando conocía a alguien automáticamente se creaban como por arte de magia dos listas en mi cabeza en las que se clasificaba a las personas en guapas o feas, y, para llevar a cabo tan complicada selección, solo contaban las características físicas; concretamente su peso. Así que, en algún momento, mi subconsciente llevó a cabo su votación y metió a Paula en la lista de los vips, la buena, la de las personas guapas y con un tipazo digno de cualquier pasarela de prestigio.

Con la entrada de septiembre llegó el instituto y se acabó la piscina. Bien es cierto que, a pesar de mi problemilla con clasificar a las personas por su peso entre válidas y desastres totales, gracias a Paula y a su personalidad y soltura social pude desarrollar mi sentido del humor durante esos meses de verano y me resultó muy fácil hacer amigos desde el primer día de clase. Solo había una cosa que tenía muy clara y que me repetía como un mantra cada día de camino al instituto: «No se va a repetir la misma historia, antes de que me coman, como».

Con mi actitud decidida ante un nuevo comienzo, pronto tuve un grupo de amigos de lo más variado. Y, por primera vez en mi vida, tenía amigos chicos ¡y me trataban como a una más! Con uno de ellos, Álvaro, incluso compartía una broma interna, un gesto de cariño que, sin que él lo supiera, me ayudaba a aceptar cierta parte de mi cuerpo: mi papada. Cuando nos veíamos o cuando coincidíamos uno al lado del otro, yo le cogía la oreja al cántico de «lobuliiiiilloooooo», y él me devolvía el gesto agitando mi papada (que, en honor a la verdad y por echarme un cable, tampoco tenía tanta en aquella época, me gustaría que la Miren de catorce años me viera ahora para saber lo que es una señora papada) mientras canturreaba «papaditaaaaa». La verdad es que ahora que lo pongo blanco sobre negro no me parece tan divertido, no entiendo muy bien por qué en aquel momento me parecía *cuqui*, si me lo hicieran hoy no me haría ni puta gracia, hablando en plata. Analizo retrospectivamente por qué me parecía agradable en aquel momento que Álvaro se tomase aquella licencia con mi papada y se me ocurren varias opciones: ¿sería que me gustaba la sensación de que alguien me acariciara desde la amistad a pesar de mi aspecto? ¿Me hacía sentirme menos invisible? Me doy cuenta de que cualquier respuesta a estas preguntas que me bombardean el coco es igual de cruel que la anterior, pero, claro, en plena efervescencia hormonal no lo veía con tanta claridad.

Por desgracia, los toqueteos inocentes, las cancioncillas y los chistes ocurrentes de vez en cuando no me parecían suficientes para mantener a aquel grupo de gente, a aquellos amigos a mi lado. Daba igual que se rieran de mis chistes, que me esperaran para bajar al recreo o que quedaran conmigo para ir y volver del instituto. Mi falta de costumbre, la total novedad que suponía para mí que alguien me tuviese en cuenta, me hacía convivir constantemente con el miedo de llegar un día al instituto y que no me dirigieran la palabra, como me pasó con Sara. De entrar en clase de buena mañana y que se hubieran cansado de mis chistes, de mi humor; de que ya no los entretuviera, de que se hubieran hartado de mí. ¿Algo me indicaba que podía pasar? No. Pero cuando de niña vives situaciones de acoso y te dejan de lado de una forma tan heavy es normal que todo acercamiento o signo de gratitud te parezca un motivo más que lícito para mantenerte constantemente con las orejas bien levantadas y los ojos bien abiertos. Por lo que pudiera pasar.

Para que mis amigos no me diesen de lado otra vez como me había pasado en el colegio, decidí copiar todo lo que viera, como un lorito. Me forcé a no decir nunca que no para encajar. ¿Quieres un cigarro? Sí. ¿Te paso el porro? Sí. ¿Me acompañas a tal sitio? Sí. ¿Pillas LSD conmigo? Sí. Sí, sí y sí. No me atrevía a decir que, no fuera lo que fuera que me ofrecieran, no podía permitírmelo. Así, por encajar y no ser el bicho raro, por no darles motivos para que dejasen de contar conmigo, fue como empecé a fumar tabaco, hachís, marihuana, lo que me ofrecieran, lo importante era decir que sí. Y cada día que contaban conmigo para algo, me invitaban a algún sitio o se reían de alguna de mis bromas era otra victoria más que apuntar a mi pequeña colección.

Mi pose de triunfadora con amigos no era más que eso, una pose, una mentira. Mientras que en el instituto y con Paula mostraba mi lado más seguro, social y divertido, en casa y a solas ya era otra historia. Me pasaba las tardes mirándome al espejo, encontrándome mil defectos, diciéndome a mí misma que tenía que adelgazar para luego darme la vuelta y zampar sin control. Poco a poco florecieron dos personalidades completamente opuestas en mí, enemigas, diferentes. A solas no paraba de enumerar todos mis defectos, los cuales crecían por momentos. El primero y el que ocupaba más tiempo y espacio en mi cabeza era el peso: ¿por qué no podía ser tan delgada como Paula o Gemma? ¿Qué se sentiría al tener esa seguridad en tu propio cuerpo? ¿Cómo sería entrar a una tienda y poder probarte ropa? ¿Serían ellas conscientes de que destilaban esa seguridad y comodidad en su propia piel inaudita a su edad? Y sin saber muy bien cómo, se abrió la veda. Si tuviera la oportunidad de hablarle a mi yo de catorce años o de tener una charla con cualquier adolescente que estuviera actuando igual que yo lo hice, le sacudiría y le diría ¡mira a tu alrededor, ¿qué estás haciendo?! Tienes muchísimos amigos, más de los que has tenido nunca, les caes bien (y no por los favores que les hagas o por quien finjas ser), todo el mundo te acepta como eres ¿por qué cuanto más te aceptan los demás, menos te aceptas tú? Maldita pregunta sin respuesta.

La percepción tan lamentable de mí misma que me había creído hacía que no apreciase el que Carla (la mayor del grupo del insti y la que llevaba la voz cantante) y yo nos hubiéramos hecho íntimas, que los chicos del grupo me tuvieran en cuenta y fueran mis colegas también o que mi amistad con Paula fuera viento en popa. No podía ver los hechos, la realidad, y vivía con el constante miedo de que un día no estuvieran, de que cualquier paso en falso los alejaría de mí y me volvería a convertir en la paria, la marginada. Era insoportable.

Tarde tras tarde, después de interpretar en el instituto mi papel de chica segura de sí misma con amigos y un millón de planes divertidos que hacer, llegaba a mi habitación y me enfrentaba de nuevo con mi enemigo íntimo: mi espejo. Él me devolvía una imagen distorsionada de la realidad, que iba siendo más y más grotesca cada día que pasaba. Que si mi nariz estaba más desviada. Mi papada crecía por momentos. Mi barriga colgaba cada vez más. Mis dientes estaban más torcidos.

A todos esos defectos había que sumarle la frustración y el enfado por ser así, que daba paso al llanto y este a la ansiedad. Estaba sola en casa por las tardes y arramplaba con la nevera, cualquier cosa que bajara a mi estómago para acallar todo aquello era bienvenida. Galletas con Nocilla, pan con mantequilla, bocadillos de embutido, tazones de leche con galletas, una cantidad ingente de comida que me dejaba exhausta y derrotada. Cuando no podía comer más y ya me había pasado tres pueblos con el banquete llegaba el arrepentimiento, el asco que sentía hacia mí misma. ¿Cómo te has podido comer todo eso, así pretendes adelgazar? ¿Sabes la barriga que vas a tener mañana? ¿Cómo vas a quemar toda esa comida? ¿Qué vas a hacer cuando tu ropa no te valga? Preguntas lanzadas a quemarropa que me hacían cada vez más vulnerable. Y esos fueron los ingredientes perfectos para la receta del desastre: 70 kilos de adolescente acomplejada; dos cucharadas de demasiado tiempo libre y sin supervisión; añadir ansiedad sin dejar de remover; calentar a fuego lento frente al espejo un par de horas cada tarde y *voilà*!

Irremediablemente y aunque hubiese hecho todo lo que estuviese en mi mano por evitarlo, por la mañana llegaba de nuevo el momento de volver a salir de casa, y, antes de cruzar la puerta, hacía un ejercicio de interpretación digno de una actriz de Hollywood y la otra Miren tomaba las riendas. La ansiedad se convertía en seguridad, el llanto en comedia y mi autoestima era imponente y cautivadora. Mucha gente a la que conocí en aquella época me ha dicho que la primera impresión que se llevaron de mí era que imponía, incluso que daba miedo de la seguridad que emanaba. Si me viesen por las tardes en casa frente al espejo... Qué ironías tiene la vida, ¿no?

Aquella careta estaba bien para sobrevivir el día a día, pero había ocasiones en que me dejaba con el culo al aire y todos mis monstruos salían a relucir. Una de las ocasiones más recurrentes era la de tener que ir a comprarme modelitos nuevos. ¿A qué adolescente no le gusta ir de compras? A Paula no solo le encantaba, sino que su madre, generosa donde las haya, le daba bastante paga, por lo que todas las semanas había uno o dos días de compras. Todas esas malditas tiendas de Inditex se convirtieron en mi infierno personal en la Tierra. Paula miraba y se probaba todo lo que quería mientras que yo quedaba relegada al puesto de *personal shopper* y era la encargada de vigilar que la talla que había cogido le quedase bien, de llevarle prendas de otros colores al probador y de buscarle complementos. Mientras tanto, yo lo único que me podía comprar eran zapatos, bisutería y bolsos.

Por si la frustración de ir varios días de compra solo para ayudar a mi amiga y no para darme algún caprichito que otro fuese poca, no escapaban a mi atención las miradas de las demás clientas y las de las propias dependientas. Esa sonrisa falsa con los ojos semicerrados que dejaba entrever un duro «No mires, reina, que aquí no tenemos tu talla» se me clavaba como un cuchillo. ¿Qué talla podía llevar yo en aquella época? Puede que una 44 o una 46, y, teniendo en cuenta que levantaba del suelo la friolera de 175 cm, era bastante frustrante que la industria no se hubiese siquiera planteado llevar a las tiendas ropa de adolescente para mí. Encontrar algo mono y de mi talla (sin que pareciese una señora preparándose para ir al baile los domingos), era como buscar una aguja en un pajar, así que, como era de esperar, mi madre se dio por vencida en cuanto a comprarme ropa y yo iba tirando con lo que encontraba de Pascuas a Ramos y con la ropa de mis hermanos. Creo que me puse yo más veces el chándal Adidas y la Alpha de mi hermano que él mismo, ahí lo dejo.

Esta dificultad empezó a afectar a mi «amistad» con Paula. Ella era materialista, muy materialista, y le gustaba vestir siempre de marca, comprar ropa constantemente y presumir. Así que supongo que en su cabeza surgió la pregunta de que, si su mayor aspiración era fardar, ¿cómo iba a hacerlo con una gorda al lado que ni siquiera encontraba su talla en las tiendas? Y con esa maquiavélica idea en mente empezó a soltarme pullitas del tipo «a lo mejor tienes que adelgazar un poco», «cuando adelgaces nos podemos comprar la misma ropa», «cuando tengas unos kilos de menos podremos incluso intercambiar ropa», «si pesaras menos estarías guapísima y a ti también te mirarían los chicos» y un larguísimo etcétera de improperios que me da hasta pereza reproducir. En serio, os prometo que el repertorio de comentarios de Paula era interminable. Esos toques de atención por parte de mi amiga causaron que me empezara a alejar de ella poco a poco y que me acercara a la que era mi otra mejor amiga, Carla. Carla tenía un año más que yo, era bajita (no pasaba del metro y medio), y, por supuesto, también formaba parte de mi flamante lista vip de gente delgada. Pero, para mi descanso, Carla tenía algo de carne en los huesos a diferencia de Paula. Para ser justos, tengo que dejar constancia de que Carla nunca hizo comentarios sobre mi peso ni sobre el de nadie. Es más, nunca la escuché hablar de feos, guapos, gordos o similares; esas eran palabras que no formaban parte de su vocabulario. Y yo, pensando que aquello era justo lo que necesitaba, alguien que no me hiciera sentir mal (o peor) conmigo misma, me pegué a ella como una lapa.

Recuerdo una tarde en la que salimos una hora antes del instituto y me invitó a comer a su casa. Habíamos terminado los macarrones con carne que le dejó su madre y estábamos sentadas delante de la tele esperando a que empezara «Friends», cuando Carla se levantó para ir al baño. Unos segundos después escuché lo que parecían arcadas. Puse el mute en la tele y me asomé a la puerta del pasillo. ¿Estaba vomitando? No había dicho que se encontrara mal. Escuché el grifo correr y me senté de nuevo en el sofá.

Cuando volvió tenía los ojos rojos y se había mojado la cara con agua. Le pregunté si se encontraba bien y se rio diciendo que claro que sí. Me imagino que vio en mi cara desconcierto (yo me quedaba hecha un trapo después de vomitar cuando estaba mala), a fin de cuentas, le había escuchado vomitar. Así que, ni corta ni perezosa me soltó:

—¿Tú no vomitas después de comer? Es lo mejor para mantener el peso.

No sé si me dejó más perpleja aquella frase o la heladora tranquilidad con la que me lo dijo. ¿Había vomitado a posta? ¿Cómo? ¿Para qué? ¿Lo mejor para mantener el peso? No entendía nada.

Mi respuesta a su pregunta fue quedarme callada durante los veinticinco minutos que duró el episodio de «Friends», mientras estudiaba todas las formas posibles de volver a sacar el tema que ella parecía haber dado por zanjado. ¿Qué podía hacer? ¿Preguntarle directamente? ¿Quedaría de tonta por no saber de qué hablaba? Daba igual, había dicho la palabra mágica «peso». ¿Sería algo que hacían todas las chicas, quizás incluso Paula, y a mí no me lo había contado nadie?

Y todas estas preguntas en el presente me hacen darme cuenta de lo diferente que era mi contexto de antes y el de ahora. Hoy día sacaría el móvil del bolsillo y buscaría en Google cualquiera de esas preguntas en un segundo. Qué digo si, hoy día, por desgracia, las niñas de esa edad ya saben perfectamente de qué estamos hablando. Y, además, si quedase alguna inocentona como yo que no lo supiera, tendría la respuesta a un par de clics.

Sin saber todavía cómo comportarme, en cuanto terminó «Friends» le pedí a Carla que me contara más sobre lo que había hecho en el baño. No me quedó muy claro si no quería hablar mucho del tema o si realmente no le daba demasiada importancia, pero su testimonio me heló los huesos:

—Comes lo que quieras —empezó a decir—, y, antes de que lo digieras, vomitas.

A cada frase, a cada palabra que decía me surgían mil dudas más. Que si era bueno que bebiese mucha agua mientras comía, que masticase mucho, que evitase lácteos porque son más desagradables a la hora de devolver, que no me esperase más de quince minutos después de terminar de comer, que me llevase un caramelo o un chicle al baño, que abriese un grifo para acallar el sonido del vómito, que no me olvidase de limpiar bien la taza, no fuese a ser que quedasen restos y alguien se oliese lo que estaba pasando allí, que no me lavase los dientes inmediatamente después para no restregar ácidos gástricos y dañar el esmalte... Me contestó A TODO, era una verdadera experta en la materia. Y, por último, me recordó lo más importante: «No lo vayas contando por ahí».

Espero que ni penséis que no estoy sintiendo nada al escribir estas palabras, de hecho, me encuentro a mí misma con verdadero reparo a la hora de enfrentarme con estas líneas. No quiero dar pistas ni ideas a nadie. No quiero que alguna frase que leas aquí sea el agua que riegue la semilla de un posible desorden alimenticio que ya te ronde la cabeza; pero, al mismo tiempo, soy consciente de la época en la que vivimos y creo que no decir las cosas claras o llamar a algo por su nombre muchas veces lo que provoca es más curiosidad al respecto, así que permitidme hablar sin pelos en la lengua porque, aunque duele admitirlo, mi voz cuenta con experiencia.

Además, creo que no sirve de nada que oculte información al respecto. Recuerdo perfectamente una tarde cualquiera después de la comida y el capítulo de «Friends» en casa de Carla, estaba en el sofá viendo en un programa de la televisión a una chica que había sufrido un desorden alimenticio y se provoca el vómito. La presentadora le preguntó cómo lo hacía y cómo lo ocultaba, yo pegué un respingo y subí el volumen de la tele. La invitada respondió que no quería decirlo para no darle ideas a quien estuviera viendo el programa. Apagué la tele de mala leche pensando «¡No, joder, cuéntamelo todo!». Por eso mismo voy a ser clara, no porque quiera dar ideas o contar los entresijos de cómo semiocultar un desorden alimenticio, sino porque confío en que para cuando hayas terminado de leer este libro entiendas que eres mucho más que tu peso, y que tu valía y amor propio no van de la mano ni con tu talla, ni con el número que ves al subirte a la báscula.

Por mi parte, empecé a tomarme en serio lo de vomitar, pero lo encontré más difícil de lo que parecía. En el instituto no podía porque siempre había alguien en los baños. En casa no podía porque los dos baños están en el pasillo, que es zona de paso, y se oiría desde las habitaciones o la salita de estar, incluso con el grifo del agua abierto.

Ante mis intentos frustrados, intenté sacar más veces el tema con Carla, pero parecía que aquella conversación que tuvimos en su casa fue la primera y la última. Como no tenía información a mano, empecé a investigar por mi cuenta usándola a ella como conejillo de indias. No le quitaba ojo y me percaté de algunas cosas. Sí, me di cuenta de que ella no comía en las horas que estábamos en el instituto, pero también me fijé en que no la veía más delgada, siempre estaba igual. Me empecé a centrar también en lo que comía Paula, y, para mi sorpresa, ¡tragaba como una lima! Y eso me encabronaba más aún porque siempre estaba igual de delgada. En serio, comía a todas horas. Cuando iba con ella a su casa se podía beber fácilmente un litro de Coca-Cola, comerse dos bolsas de patatas fritas, un bocadillo de embutido, ir tres o cuatro veces a la cocina a por cosas de picar, ¡parecía que no tenía fondo! No me cuadraba, era imposible que estuviera tan delgada con lo que comía, así que empecé a buscar señales de que ella también vomitaba. No las encontré. Hablaba abiertamente de su cuerpo, se encantaba, ella era su propio baremo según el cual las demás éramos guapas o feas. Comía cuanto quería y en donde quería, jamás la pillé haciendo algo raro en el baño, ocultando comida en su habitación, yendo al baño inmediatamente después de comer, nada. Su autoestima era real y eso hizo que la rechazara más aún. ¿Por qué ella podía comer como una lima, incluso más que yo, no practicar ningún deporte ni hacer ejercicio y mantenerse tan delgada? ¿Qué tipo de brujería era aquella que nadie me había contado?

Necesitaba respuestas, lo de Paula no era normal. Tenía que saber por qué estaba tan delgada aun dándose el lujo de comer a todas horas y en cantidades industriales. Así que, quemando mis últimas naves, intenté sacarle el tema de provocarse el vómito a ver si le pillaba en un renuncio. Creo que se lo planteé como que alguien lo estaba hablando en el instituto (Paula ya iba al instituto, pero no al mismo que yo), o que lo vi en un programa de la tele, pero nada, le sonó a chino y no tenía nada que aportar.

Ante mi derrota total con Paula, intenté sacar el tema con varias personas más a ver si sonaba la flauta. Mi amiga Gemma, también muy delgada por naturaleza, habló con cordura y dijo que la gente que hacía eso estaba enferma. Me enfadó tanto el comentario que me dieron ganas de gritarle: «¡Pues Carla (que era la guay del grupo del insti) lo hace, así que tan de enfermos no será!». Qué ingenua.

Al ver que nadie iba a allanarme el camino en mis malas decisiones aproveché una época en la que tuve la casa por las tardes para mí sola. Mi padre y mis hermanos estaban trabajando, y mi madre había abierto un negocio, lo cual me dejaba la casa para mí sola hasta casi la noche. En aquella época descubrí una sensación que me hacía sentir casi tan bien como comer, la sensación de vacío después de vomitar. No es un vacío de hambre, es un vacío de purga, de limpieza. Daba igual que vomitando casi me desplomara en el baño, daba igual haber estado a punto de asfixiarme con un trozo de comida poco masticada, daban igual las marcas de los dientes en los nudillos al terminar, daba igual tener la cara llena de mocos y lágrimas, daba igual que cada día tuviera los dientes más rugosos y desagradables y daba igual tener que limpiar los tropezones de la taza dos o tres veces cada tarde. Todo daba igual con tal de volver a sentir aquel vacío. Ese vacío que no era hambre, vacío que me hacía sentir que tenía el control sobre algo, que estaba poniendo algún tipo de remedio al asco que generaba mi cuerpo.

¿Estaba perdiendo peso? No. ¿Estaba más delgada? Sinceramente, no. Pero aquella jodida sensación era una dosis de la mejor droga que había probado porque, además del vacío, me convencía de que podía seguir comiendo sin control.

Estuve experimentando esporádicamente durante un tiempo pues, por mucho que me jodiera, no podía vomitar a diario si había alguien en casa. Un sábado cualquiera, llevaría año y pico con esta batalla de forma intermitente, una peli de sobremesa captó mi atención. El título (Cuando las amistades matan, 1996) me marcó lo suficiente como para mirar la sinopsis en el teletexto (esa era nuestra Wikipedia en los 90, chavales). Aquella sinopsis tenía las palabras clave que necesitaba en ese momento para que mi mente hiciese un pequeño clic: «adolescente, provocar vómito, muerte». Resultado tras leerlas: nunca había estado tan atenta a una película de sobremesa en toda mi vida.

La protagonista era Lexie, una chica monísima y gimnasta que se acaba de mudar tras el divorcio de sus padres. En su nuevo instituto se hace amiga de Jen, la guapa de turno, quien, ante la tesitura de perder algo de peso para seguir compitiendo en gimnasia, le introduce en el mundo de la purga: el mundo de la bulimia. Era la primera vez que oía el nombre. Qué cojones ¡no sabía ni que tenía nombre! Con aquella película entendí muchas cosas de las que me estaban sucediendo y me vi totalmente reflejada en lo que sufrían las protagonistas: cómo se iban debilitando los dientes, las marcas de estos en los nudillos, los atracones... Además, por si ya fuera poco con lo que tenía encima, también me enseñó muchas otras, como, por ejemplo, a utilizar el mango de un cepillo de dientes en vez de los dedos para provocarme el vómito y así evitar las marcas y los moratones en las uñas. Pero, sin duda, lo que más me impactó fueron las cosas que me descubrió y que me sonaban a chino en aquel momento: pérdida de la menstruación, lo cual para mí no era un problema porque aún no la tenía; caída del cabello, sangrado en la garganta, pérdida de calcio en los huesos, y, la más importante (*spoiler alert* para los que no hayan visto la peli), la muerte. Jen muere de un fallo cardíaco. La madre de Lexie les había advertido a los padres de Jen sobre lo que se traía su hija con la comida y no la habían creído. Finalmente, el médico del hospital les confirma que ha sido a causa de la bulimia según apuntan los dientes podridos, las quemaduras internas en la garganta, la anemia y la debilidad del corazón.

Aquella película me dejó muy muy jodida. ¿De verdad me quería morir? ¿Realmente odiaba mi cuerpo hasta el extremo de que no me importase seguir viviendo? No. Pero, aunque la respuesta a estas preguntas fuese contundente y negativa, una parte de mí no quería creerse el desenlace de la peli. Me dije a mí misma que se habían puesto muy dramáticos para conseguir precisamente eso, asustarnos a las que estuviéramos pasando por ello. Pero, aun así, aunque intentase engañarme, tenía miedo. ¿Y si era verdad? ¿Y si estaba causando un daño a mi corazón irreparable y el día menos pensado, adiós? Me hubiera encantado tener a quién preguntarle. Google, Wikipedia, foro online, un canal de YouTube, cualquier cosa. Pero por aquel entonces lo más parecido a internet era la enciclopedia Larousse que teníamos en el salón, y, como os estaréis imaginando, no venía nada sobre la bulimia, ¡y mira que busqué! ¿A quién podía preguntarle si la muerte de Jen podría suceder en la vida real? ¿A Carla? Apenas la veía desde que se fue del instituto. No tenía a nadie con quien consultarlo, hiciera lo que hiciera y pasara lo que pasara a raíz de aquella decisión, todo el peso recaía en mí.

Me vi obligada a tomar una decisión sobre qué haría con mi vida tras ver ese dramón de sobremesa, así que marqué en el calendario aquel fin de semana como un test sobre si mi vida merecía la pena lo suficiente como para no ponerla en riesgo.

Para empezar el testeo decidí estudiar mi relación con la gente que me rodeaba. La situación con mis amigas había cambiado. Paula seguía siendo Paula, más egocéntrica y materialista eso sí, pero ahora andábamos con otras dos amigas, Leticia y Noelia, y me animaba tenerlas cerca. Leticia era bajita y estaba un pelín por encima de su peso ideal, y Noelia también era bajita y rechoncha. Tener cerca a alguien que no fuera como Paula me vino bien, muy bien. Desde hacía un tiempo Paula me había empezado a dejar fuera cuando tenía según qué planes (normalmente los que involucraran a chicos, no quería presentarse con la amiga gorda) y se llevaba a Leticia, y, aunque ese rechazo me parecía lo peor del mundo, la verdad es que ahora me doy cuenta de que fue de lo mejor que me pudo pasar en aquel momento porque gracias a que Paula me diese de lado Noelia y yo, por descarte, nos hicimos más amigas. Después de esos años de amistad tóxica con Paula, de sus comentarios, sus miradas de desaprobación, de verla avergonzarse de mí y apartarme de su círculo, de su creciente vergüenza sobre mi cuerpo cada verano que pasaba, después de todo eso, llegó Noelia. Tranquila, sin prejuicios, sin miradas de reojo, era como si el físico no existiera, ni la ropa, ni las marcas, ni la competición por conseguir la atención del chico de turno. Donde Paula se había quedado en solo fachada y en aparentar, Noelia era todo el desarrollo y paz interior que necesitaba.

Con Noelia como el clavo ardiendo al que agarrarme, me fui despidiendo de aquellos momentos de intimidad encorvada sobre la taza. Adiós a la comida escondida, a la caja de debajo de mi cama para vomitar en la habitación si no conseguía hacerlo en el baño, adiós al sabor a bilis, a sonarme restos de comida de la nariz y adiós a aquel maldito vacío.

Claro que, a fin de cuentas, esa época de mi vida seguirá conmigo para siempre, descansando en algún rincón de mi memoria y sorprendiéndome por lo brutal y oscura que fue y por la marca que dejó en mí. Lo cierto es que, hoy, aún me sorprende mi actitud tan autodestructiva como para tomarme en serio como plan de vida el vomitar después de cada comida y que ni se me pasara por la cabeza el pedirle a mi madre que me llevara a un endocrino, o tan siquiera dejar de comer porquerías o de darme atracones. Y es que me parecía menos horrible lo de vomitar que lo de no poder darme atracones, así que ni me lo planteé. ¿Qué tipo de estigma tenía para mí la vida como para preferir comer hasta vomitar, literalmente? ¿Por qué prefería comerme cuatro donuts o un paquete de galletas antes que comerme dos plátanos? ¿Por qué vomitar en casa, arriesgándome a que me pillaran, en vez de salir a andar por las tardes o apuntarme a algún deporte? Creo que la única respuesta es VAGANCIA y COMODIDAD. No encuentro otra justificación posible a preferir comer 2.000 calorías para luego vomitarlas en vez de comer algo de fruta y salir a dar un paseo o a jugar un partido del deporte que fuese. ¿Qué extraño misterio tenía la comida basura para que la prefiriese miles de veces antes que la comida sana? ¿Era el azúcar la droga más potente que consumía a diario y casi sin saberlo?

Sea como fuere y pudiese o no comprender y desentrañar aquel misterio, nada me daba la satisfacción que me daba la comida... Hasta que llegaron las pastillas.

CAPÍTULO 5

PERDIDA EN LA OSCURIDAD

Si creía que iba a dejar de vomitar y ya está, así de fácil, estaba muy equivocada. A un niño no le quitas un juguete sin darle otro para que no llore. Uno no puede dejar sus costumbres o lo que le causa placer de la noche a la mañana sin resentirse. Al no poder vomitar, trataba de consolarme pensando que aún tenía a mi alcance la satisfacción que me daba la comida, pero, por desgracia, para tapar mi insatisfacción por no poder sentir ese vacío después de vomitar, mi ansiedad por la comida se multiplicó por tres. Necesitaba tener la boca llena continuamente, masticar, tragar constantemente, que me pesara el estómago. Me empecé a comer hasta la carne cruda cuando mi madre la tenía preparada para hacer albóndigas y hasta el papel de las magdalenas entre otras delicatesen. Mi obsesión por la comida había traspasado los límites de la lógica y me había conducido a un bucle del que no podía escapar de ningún modo: o comía a todas horas, o no podía asimilar el hecho de no poder vomitar.

Como era de esperar, este cambio trajo consigo un considerable aumento de peso, del que, por cierto, nadie parecía enterarse. Mis allegados nunca dijeron nada, excepto mi padre. Aún hoy me sigue pareciendo muy irónico que el único gordo de mi familia fuera el que me diera más caña por estar gorda. Gordos gordofóbicos, esos son los peores. Ni mi madre ni mis hermanos me decían ni mu, pero, en su defensa, diré que yo hacía todo lo posible para que no me vieran comer todo lo que de verdad comía, así que estaban enterados de la magnitud de la tragedia solo a medias y entiendo que no supiesen muy bien cómo abordarla. Sin embargo, parecía que a mi padre el mero hecho de que ya estuviera fuera de la adolescencia y siguiera siendo gorda, que no me hubiera quitado «el peso de niña», le repateaba tremendamente. Siempre que me veía sentada o tumbada empezaba a despotricar, no podía evitar soltar un «halaaaa» despectivo cuando pasaba por delante de él, llamarme la atención cuando me sentaba en el sofá diciendo que lo iba a partir, o reírse mientras me soltaba que iba a necesitar una carpa de circo para hacerme unas bragas, y se quedaba tan fresco. Os cuento esto, y, probablemente, estaréis pensando «joder, vaya con tu padre». ¿Me hacía gracia en aquel momento? No. Me daban ganas de darle un aplauso... en la cara... con una silla. ¿Lo hacía con malicia? Pues, a ver, el hombre no es malo, pero hay que reconocer que no tenía, ni tiene, la inteligencia emocional de lidiar con una adolescente sobre estos temas. Una persona que tiene sus sentimientos en orden, algo de talante e inteligencia emocional sabría preguntar de buenas formas a qué se debe el aumento de peso, quizá sugeriría algún deporte o actividad física para moverme más y pasar menos tiempo en casa, no haría comentarios jocosos ni se burlaría de mí esperando que eso me inspirase a algo que no fuera tirarme por la ventana. Oye, que yo no soy psicóloga, pero no creo que compararla con una vaca rumiante sea el tipo de refuerzo positivo que necesita una chica joven sobre su aspecto.

Llámame loca, ¿eh?, pero me da a mí que no es el método más eficaz para reforzar la autoestima de nadie.

Si os soy sincera, os cuento todo este rollo de mi padre porque es relevante en mi historia y porque afectó notablemente a cómo me sentía conmigo misma haciendo cada vez más profundo el pozo en el que me sumergí, pero no quiero que penséis que fue una situación irrecuperable o que se ha alargado en el tiempo. ¿Sigue mi padre haciendo comentarios sobre mi peso todavía hoy? Sí, pero con respeto (incluso me atrevería a decir que con sincero interés, fascinante), y sí, ha llevado años educarle al respecto (y hacerme respetar, qué narices).

Educar a mi padre para que me tratase con el respeto que me merecía me ha costado tiempo, quebraderos de cabeza y fuerzas, y os lo dejo caer porque habéis sido incontables las personas que me he encontrado en la vida, bien cara a cara o en redes sociales, que estaban desesperadas porque la gordofobia, los comentarios hirientes, las burlas que les empujaban al abismo venían de su propia familia, del núcleo de su vida. No os cuento lo de mi padre para dejarle mal, sino para que sepáis que he estado en ese punto, que he vivido lo mismo que vosotros. Que sé lo que es ir a la cocina a comer algo e intentar no hacer ruido con los envoltorios para que no aparezca esa sombra detrás de ti y empiece a reírse sin compasión, o para que no se oiga un grito desde algún punto de la casa llamándote gorda. Sé lo que es oír la puerta e incorporarme de un brinco para que no me comparen con una ballena varada al verme tumbada o sentada en el sofá, y sé lo que es no querer sentarse de lado en la mesa para que no me dijesen que cada día tenía más barriga, porque, anda, mira tú, no se me había ocurrido a pesar de que ni siquiera me cierren los últimos pantalones que me he comprado.

Esta actitud y esos comentarios, sumados a la edad y a la rayada mental que ya acarreaba, terminaron por deteriorar por completo la relación con mis padres. Con mi padre es obvio, porque solo se dirigía a mí de malas maneras y de forma despectiva para meterse con mi aspecto. Con mi madre, lo estoy pensando ahora y aún no lo tengo muy claro. Había cosas que en aquel momento identificaba y sabía que me molestaban de mi madre, como que no me diera tanta paga como yo quería (hiciste bien, mamá. Era para porros y alcohol), o que mi toque de queda fuera mucho antes que el de mis amigas. Pero el desapego con ella iba más allá de esas rabietas de adolescente. Estoy recordando y analizando como adulta la relación que teníamos las dos en aquel entonces y creo que sé ponerle nombre a lo que sucedía: pasividad total y absoluta. ¿Era su pasividad ante los ataques de mi padre lo que realmente me molestaba? ¿Quizá la culpaba por no haberme educado mejor con la comida? ¿Sería que me enfadara que nunca hubiese movido un dedo para llevarme al médico o al endocrino y para poner en orden lo de mi peso? Todas son correctas. Sea como fuere, con muchos años menos y con un problema brutal de autoestima, no les aguantaba a ninguno de los dos. A mi padre por imbécil, a mi madre por pasota.

La situación de puertas para dentro en mi casa era insostenible, así que, como consecuencia de ello, con los años también se me había agriado el carácter en casa y me había vuelto más violenta. Los insultos de mi padre sumados a las regañinas de mi madre por no ayudar suficiente en casa se habían convertido en auténticos ataques de ira, pero jamás se me hubiera ocurrido levantar la voz, y mucho menos la mano, a cualquiera de los dos. Me metía en mi habitación mientras ellos seguían despotricando por la casa, a veces intentaban entrar en mi habitación a seguir con la pelea y yo me atrincheraba contra la puerta. La rabia y la violencia en mi interior crecían cada día y no tenía vía de escape, no tenía ni sabía cómo canalizar toda aquella ira que me estaba comiendo por dentro. Estar en casa se había convertido en un círculo vicioso en el que, si no era yo la que me insultaba a mí misma por mi aspecto, era mi padre el que lo hacía con mi madre a gritos por alguna chorrada por detrás como banda sonora. Aquello se convirtió en una batalla campal continua de la que ningún miembro de este triángulo podía escapar.

Hasta que un día exploté. No fue ni por gritos ni por insultos, pero estaba tan al límite que simplemente reventé. En aquel momento buscaba un trabajo de verano y había mandado el currículo para cubrir un puesto de recepcionista en una editorial. Una editorial, para mis sueños de escritora aquello sonaba a regalo del cielo. Unos cuantos días después estaba sola en casa cuando encontré por el salón una nota escrita por mi madre con un teléfono y el nombre de la editorial. Llamé corriendo al teléfono y me informaron de que, efectivamente, me habían llamado para que fuese a hacer una entrevista, pero había sido hacía días y ya habían contratado a alguien. Me puse a gritar como una histérica, no estaba diciendo nada ni acordándome de nadie, eran gritos desgarrados que me salían de la boca del estómago. Lo recuerdo ahora y pienso guau, guarda el drama, reina. Pero tenía tanta mierda acumulada dentro y estaba tan al límite que, sin más, sin poder evitarlo, me rompí. Llamé a mi madre a casa de la amiga con la que estaba, y me contestó con un «ah, sí que llamaron, se me olvidó decírtelo». Colgué el teléfono estampándolo contra la base como quince veces seguidas. ¿Se te olvidó decírmelo? ¿Tan poco me tienes en cuenta y te preocupan mis cosas que ni eres capaz de acordarte de que me han llamado para un trabajo? Sigo recordando esto y siento vergüenza, y, si en ese momento hubiera tenido a mi madre delante... prefiero no pensar en qué hubiera pasado.

Estaba completamente enajenada, gritando y sollozando por la casa, dando portazos y patadas cuando me di cuenta de que me dolía la mano derecha. Levanté el brazo y tenía el dedo meñique completamente perpendicular a la mano y uno de los huesos estaba... mal. No sé exactamente en qué momento fue, pero en uno de los puñetazos que le di a las paredes (o al mueble del salón, o a las puertas, o al armario...) me rompí la mano, el metacarpiano para ser exactos.

Como aún era menor, mi madre tuvo que ir al hospital a recoger las radiografías y los informes. En casa dije lo mismo que dije en el hospital, que me había chocado con la puerta. En casa se lo creyeron, en el hospital no.

Aquel incidente, a pesar de ser un plus para mi imagen de malota en la calle, fue un aviso para mí. Estaba bien tener cicatrices, pero siempre y cuando no se vieran, siempre y cuando la gente que me rodeaba no las conociera. ¿Desórdenes alimenticios? ¿Vida familiar de mierda? ¿Odiarte a ti misma? Ok, pero que no se sepa. Tenía una imagen de tía segura y divertida con una vida guay que preservar, ¿recordáis? No me podía permitir mostrar brechas en mi fachada. El problema es que ya no cabía más mierda debajo de mi alfombra personal.

Cuando quieres tapar tu rabia, mirar para otro lado y hacer como si nada, tienes que acumular mucho dentro, por eso en la siguiente discusión en casa, siguiendo mi protocolo habitual, volví a encerrarme en mi habitación con un portazo, subí la música de la radio a tope e intenté calmarme, pero algo había cambiado, aquello ya no funcionaba y me era imposible controlarme. Estaba llorando de rabia, de impotencia y de puro hartazgo, solo quería perder de vista a mis padres y perderme de vista a mí misma. Intenté controlar mi respiración, crucé los dedos de las manos tan fuerte como pude para que no gobernasen mis acciones y que no se me escapara un puñetazo contra algún mueble, me senté en la cama, pensé que me iba a dar un jodido ataque al corazón, las pulsaciones me iban tan rápido que hasta las podía oír internamente. Me levanté e intenté relajarme andando por mi habitación, y entonces lo vi. Había dejado el cúter en la estantería después de recortar un póster de una revista. Al igual que en el momento en el que me rompí la mano, que no sé ni cuándo ni cómo fue, exactamente de la misma manera, cogí el cúter, me remangué y empecé a pintar cortes en mi antebrazo izquierdo. No reparé en lo que estaba haciendo hasta el quinto o sexto corte, cuando empecé a notar el escozor en la piel lacerada. No eran cortes profundos, pero sí que sangraban bastante. Y ahí reparé en que ya no sentía nada. No estaba enfadada, no sentía ira, ni miedo, ni furia, no sentía absolutamente nada. Mi respiración se volvió normal, mi corazón se relajó y mis lágrimas cesaron. Me senté contra la puerta para que no entrase nadie y me quedé allí mirando la sangre brotar de mi brazo, en paz, tranquila.

Y así, señores y señoras, otra vez sin quererlo, otra vez sumergiéndome más y más en un pozo sin fondo, así descubrí mi nueva y eficaz vía de escape. No hacía falta gritar, ni llorar, ni montar un numerito. Solo tenía que encerrarme en la soledad de mi habitación y dejar que el cúter hiciera el resto. Ahora lo pienso y casi no puedo ni creérmelo, casi no lo recuerdo con la nitidez con la que debería recordarlo, me parece un episodio lejano, borroso y tétrico. Pero, aunque intentase olvidarlo, algunos de los cortes que me hice durante aquellos años siguen siendo visibles (pero viven debajo de mi tatuaje de Beethoven). Qué gran ironía que quien bloqueó con su música las voces que yo creía que me machacaban en público, ahora bloquea las cicatrices de aquella época.

Unos cuantos años después, cuando ya teníamos internet y lo utilizaba para navegar por páginas pro-ana y pro-mia (a esto llegaremos en un rato), descubrí que, al igual que me había pasado con la bulimia cuando ella ya era algo para mí y no sabía ni que tenía nombre, mi relación con el cúter también lo tenía: *cutting*.

El *cutting,* también llamado *self injury*, se refiere a los continuos cortes en la piel que algunas personas se realizan de manera intencional sin el propósito inmediato de atentar contra su vida, en muchas ocasiones estos cortes se convierten en adicción. Para algunos funcionan como un grito de ayuda, ya que podría resultar peligroso si se subestiman las consecuencias que pudieran tener dichos cortes, pues, a fin de cuentas, es un problema que hace referencia al control de los impulsos; en otras palabras, a la incapacidad para resistirse a ejecutar los pensamientos agresivos que aparecen de manera repetitiva y/o repentina.

Estoy ofendida por el reflejo que algunas páginas webs proyectan sobre el *cutting*. «Nueva moda entre los jóvenes.» ¿Nueva?

¿Moda? Obviamente no es nuevo, yo misma lo he sufrido y ya tengo mis añitos; y mucho menos es una moda, cuando nace sin ninguna influencia externa y cuando no sabes ni que es «algo».

En aquel momento no lo entendía, solo sabía que me relajaba y eso era lo único que me importaba. Ahora, y sin intención de ponerme pedante, sé que existe toda una explicación psicológica y biológica detrás (endorfinas, neuropéptidos, factores desencadenantes, etc.). Todo esto se resume en un ID AL PSICÓLOGO. Tú que estás leyendo esto, que te estás viendo reflejado en lo que te estoy contando, que entiendes esa ira y esa tristeza tan grande y tan oscura que te lleva a actuar contra ti sin ser consciente de lo que estás haciendo, cuéntalo. Habla con alguien, con quien sea. ¿No quieres hablar con tus padres? Habla con tus hermanos. ¿No puedes hablar con nadie de tu familia? Habla con un profesor, un orientador. ¿No quieres contarlo en el colegio/instituto? Cuéntaselo a tu médico. La cuestión, y esto es lo importante, HABLA CON ALGUIEN.

Yo lo intenté. Es cierto que no fui abiertamente y le dije a alguien «Hola, mira, es que a veces siento tanta ira, soledad y frustración que solo me tranquilizo cuando me rajo el brazo», pues así, no, no lo dije. Pero sí recuerdo enseñárselo en plan jocoso a mis amigas, quienes, medio anonadadas ante las docenas de cortes en el brazo, me preguntaron si había sido adrede o por accidente. Ante su reacción me acojoné y jugué con las palabras: «medio broma, medio en serio», le quité hierro al asunto. No volvieron a preguntar.

También se lo enseñé a mi madre. Además recuerdo que íbamos camino a hacer algún recado, me levanté la manga del jersey y le solté un «¿te he enseñado esto?». Es cierto que en ese momento no tenía tantos cortes, y los que tenía parecían más arañazos que otra cosa (quizá por eso me envalentoné a decirlo, porque no parecía tan malo como realmente era). Parecerá estúpido, pero esperaba que mi madre entendiera automáticamente qué era, ¿cómo lo iba a entender si ni yo sabía de dónde había salido aquello? Mi madre lo miró y me preguntó qué me había pasado, ¿qué esperaba que me dijera? «Oh, hija mía, entiendo por completo qué es y de dónde viene ¡vamos al psicólogo!», pues no. Como es normal, la mujer no tenía ni puñetera idea de la vorágine que me estaba absorbiendo por completo. Y yo, sorprendida porque no me entendiesen, en mi ingenuidad, me quedé paralizada cuando llegó el momento de contestar y decir la verdad, cuando llegó el momento de sincerarme. Solo pude soltar una risa nerviosa y decir que me había caído contra unos arbustos. ¿¿En serio?? Me lo pusieron en bandeja y ni siquiera pude dar una señal de socorro.

Supongo que no puedes ir por la vida esperando ser salvado. Sí, hay ciertas señales que no deberían pasar desapercibidas, pero es muy difícil ayudar a quien no quiere ser ayudado. De verdad, en estos casos, lo más importante es la comunicación. Lo repito ahora y lo repetiría una y mil veces, es tan tan importante la comunicación. ¿Es fácil decirles a tus padres que no les aguantas? Obviamente no, pero busca a alguien con quien hablar. Un hermano, un primo, un amigo, un vecino, un compañero de clase, quien sea. Piensa que al mismo tiempo que quieres ser ayudado estás haciendo lo imposible por ocultar todo lo que hay detrás, así que para los demás ayudarte es una odisea. Y es que, yo y las personas que han vivido una situación similar a la mía, nos volvemos tan buenos escondiendo lo que sentimos y ocultando lo que hacemos que, cuando queremos que alguien capte alguna señal, alguna pequeña pista de lo que estamos pasando, les resulta misión imposible. ¡Habla alto, no te lo calles por nada del mundo! Cuando sabes que necesitas y quieres la ayuda pero no sabes cómo pedirla, busca la forma hasta dar con ella.

Aunque hubiese encontrado nuevas vías de escape nada recomendables, como siempre, pasó el tiempo y las purgas puntuales, los atracones y la autolesión empezaron a saberme a poco una vez más. Seguía teniendo voces que acallar en mi interior y un dolor imposible de mitigar. Hasta que, adentrándome cada vez más en mi propia espiral de autodestrucción, encontré el siguiente placebo, la siguiente solución momentánea que iba a hacerme sentir y creer que era feliz.

Todo empezó cuando a Noelia y a mí se nos dio por probar suerte y comenzar a salir con una amiga de su instituto, Venus, y también con su grupo de amigos. Era un grupo de gente bastante maja. Ellas, simpáticas. Sus novios, agradables (por lo menos no les cacé nunca haciéndome burla por detrás como a otros). Y, si Venus ya me hizo gracia de primeras, la cosa llegó a su culmen la primera vez que me puso una pastilla de éxtasis en la boca.

Estábamos en una zona de fiesta conflictiva, muchas peleas con arma blanca, policía y broncas noche sí y noche también. A pesar de ir con un grupo grande de gente, seríamos quince o dieciséis personas, me sentía totalmente fuera de lugar y algo desprotegida. Si alguno de aquellos macarras pasados de vueltas se empezaba a meter conmigo, ¿podía contar con los amigos de Venus para que diesen la cara por mí? No lo tenía muy claro.

Estábamos en un garito atestado de bakalas (porque sí, chavales, el bakalao era lo que más molaba en el momento) puestos hasta las cejas, y yo estaba en una esquina sentada con Noelia con el objetivo de llamar la atención lo menos posible, como si no existiera. No quería ir a la barra, no quería ir al baño, y de levantarme y ponerme a bailar ya ni hablamos. Venus intentó sacarme de aquel rincón un par de veces y yo me negué en rotundo. La tercera vez que vino me dijo que abriera la boca, me puso algo en la lengua, me dio su vaso y me dijo que tragara. Aquella fue la primera vez que me convertí en Jaurne (todo el mundo me llamaba Miren), mi alter ego. Jaurne, a diferencia de Miren, estaba constantemente afincada en el lado positivo, feliz y alegre que me había olvidado que tenía, y, gracias a aquellas sustancias de todo menos legales, aquella euforia se multiplicaba por cien. En cuestión de media hora estaba danzando sola por la discoteca, presentándome a grupos de gente, haciendo amigas entre las chicas del baño, llevando a chicos guapos a mis amigas para presentárselos, incluso metida en la cabina del DJ haciendo el ganso (DJ Marta, era yo, perdón por el ridículo).

Mi vida se convirtió en una constante espera, solo quería que llegase el sábado. Los otros seis días de la semana me daban igual. Las peleas, los atracones, los gritos en casa, el reflejo que me devolvía el espejo, todo me era indiferente. Me la sudaba por completo, puede que se me hubiese pegado ese pasotismo que tanto odiaba en mi madre, mira tú, qué cabrón el karma. Y, cuando llegaba el sábado, cuando sabía que tenía una noche por delante para comerme cuatro, cinco o seis pastillas (las Mitsubishi y las ocho y medio eran las populares en aquel momento) y ser el alma de la fiesta, olvidarme de complejos y limitaciones autoimpuestas, no había quien me parara.

Me frustra admitirlo, pero no ha habido otra época en mi vida en la que haya ido a un sitio repleto de gente sin conocer a nadie y haya entrado tan contenta por la puerta. Lo tenía todo controlado, sabía que la primera tardaba unos cuarenta y cinco minutos en hacer efecto, así que en el tren de camino a la discoteca me zampaba la primera para que no fuera Miren la acomplejada la que entrara por la puerta, sino Jaurne.

Fueron meses que hoy sigo recordando como felices. Me da cierta pena recordarlo de esa manera, pero es cierto que nunca he vuelto a tener la sensación de hablar con un grupo de chicos a los que no conocía y, aunque solo sea por una milésima de segundo, no pensar en que en esa postura se me nota más la papada, o que estoy de perfil y se me sale la barriga, o, simplemente, no sentirme rara, incómoda o cortada al hablar con desconocidos, y menos ser yo la que inicia la conversación. Las pastillas me regalaban en unos minutos toda la confianza de la que carecía, el desparpajo, las ganas de comerme el mundo, y, la verdad, no pensaba dejarlas en mucho tiempo.

Por suerte, Antena 3 volvió a sacarme de esta. Igual que había pasado con la película sobre la bulimia, llegó otro bofetón de realidad a través de la tele que me dejó la sangre helada. Una noche cualquiera estaba viendo un programa de investigación que trataba sobre el éxtasis. Como os podéis imaginar, en cuanto escuché de qué iba el programa subí el volumen y abrí bien los ojos y las orejas. En él hablaban de cómo mezclaban y rebajaban la droga en los laboratorios (echándole, por cierto, veneno para ratas para poder cortarla), de dónde venían realmente las pastillas y qué era lo que nos estábamos metiendo. Presentaron dos casos, y fue esto lo que me acojonó hasta el tuétano, de dos jóvenes a quienes las pastillas habían arruinado la vida. La primera era una chica más o menos de mi edad, pero estaba en la cama y en pañales. Según sus amigas había tomado solo una pastilla y la droga le había causado tal daño cerebral irreparable que la había convertido de nuevo en un bebé. No sabía andar ni hablar y se hacía sus necesidades encima. No estaba en estado vegetal, se movía, balbuceaba e interactuaba con su madre como puede hacer un crío de un año, pero ver a aquella chavala con toda la vida por delante, verme a mí o cualquiera de mis amigas reflejadas en ella, en las fotos de su vida antes de la droga, tan normal, tan feliz, y ver lo que quedaba de ella ahora me destrozó por dentro.

El segundo caso era el de un chico que consumía éxtasis de forma habitual y abusiva, tanto que, con solo veinte años, había fallecido. Y ahí estaba esa palabra, como una sombra inmensa sobre mi cabeza, siguiéndome a todas partes aunque intentase deshacerme de ella: muerte.

Volví a experimentar por segunda vez el mismo conflicto interno que cuando vi la película sobre la bulimia, estaba de nuevo en el mismo punto. ¿Quería morirme realmente? ¿Era mi vida tan mala e insoportable como para jugármelo todo a una carta? Mi mente comenzó a divagar y empecé a imaginarme escenarios grotescos en los que mi madre tenía que cambiarme los pañales, en cómo seguiría siendo mi mundo si me pasara lo mismo que a la chica del programa. ¿Qué pensaría la Miren del futuro de lo que le hizo la Miren veinteañera por una fiesta? Y si no me recuperaba nunca, ¿tendrían que limpiarme el culo mis padres lo que les quedaba de vida? Y, más aún, ¿qué pasaría conmigo cuando mis padres no estuvieran?

Y no, no me pillaba por sorpresa que las drogas fueran malas (era inocente pero no idiota), pero aquellas consecuencias solo se las achacas a drogas «duras» como la heroína. Pero ¿porros, cocaína o éxtasis? ¿En serio? ¡Todos hacíamos eso! No era tan grave. ¿Conocía a alguien a quien le hubiera pasado algo grave por drogarse? No, pero tampoco quería ser yo a quien le pasase para servirle de ejemplo a los demás.

Para compartir mi miedo (porque el miedo y los problemas se hacen más llevaderos si los cuentas. Comunicación, ¿os acordáis o tengo que repetirlo otra vez?), al día siguiente le conté a Noelia todo lo que había visto en el documental. Y, no sé gracias a qué o a quién, se alinearon los planetas, el destino nos echó una mano y justo en ese instante las dos decidimos no volver a probar una pastilla jamás, se había acabado. Y si nuestra decisión implicaba alejarnos de Venus y sus amigos, así tenía que ser.

Siendo sincera conmigo misma, si en aquel momento no hubiera tenido al lado una amiga con sentido común que entendiera el riesgo de lo que estábamos haciendo, si en vez de ser Noelia hubiera sido Paula (quien no entendía de riesgos y solo de diversión), no sé qué hubiera pasado conmigo. Realmente me di cuenta de que las pastillas eran algo a lo que sí que me podía enganchar, si es que no estaba enganchada ya. ¿Sabéis esa «paranoia» (yo la llamó así), esa vida perfecta con la que soñamos despiertos cuando nos acostamos, antes de dormirnos? Normalmente en nuestra vida perfecta no hay límites, nuestra pareja suele ser el famoso de turno que nos gusta, o nuestro *crush*, y tenemos la vida que tendríamos si pudiéramos escribir nosotros nuestra historia, ¿sabéis a qué paranoia me refiero, no? Pues el éxtasis me convertía en la versión de mí misma que era en mi paranoia. Sin complejos, sin nada que esconder. Todo era diversión, no tenía que preocuparme de cómo me veían los demás, daba lo mejor de mí misma y disfrutaba al máximo de cada instante. Cada persona que conocía me aceptaba automáticamente ¡e incluso les caía bien! La gente pasaba por alto cualquier tipo de prejuicios sobre mi aspecto y solo veían el desparpajo, la diversión, el entretenimiento y la buena compañía que les proporcionaba, incluso sin conocerme de nada. ¿Sabéis lo peligroso que era aquello? ¿Sabéis lo peligroso que es —y este fue el planteamiento que me hice— encontrar algo que te puede dar un pequeño porcentaje de tu vida soñada pero que, al mismo tiempo, te puede matar? Con lo descerebrada e inconsciente que era, fueron esos pequeños momentos de iluminación los que me mantuvieron con vida. Eso, y tener a gente a mi lado que tuviera dos dedos de frente.

Está poniéndose todo muy de color de rosa, ¿no? No os confiéis, no fue tan fácil, al igual que con la ruptura con las purgas, la ruptura con las pastillas y con Jaurne la divertida desembocó en un empeoramiento de mi imagen y de mi vida en casa, aunque, esta vez, al menos obtuve algunas respuestas. Al cumplir la mayoría de edad mi madre me llevó al ginecólogo porque aún no había tenido mi primera regla. Tras mear en mil vasos, que me sacaran tubos y tubos de sangre, radiografías, ecografías, resonancias magnéticas y auscultaciones embarazosas, me diagnosticaron amenorrea primaria. Mis ovarios y mi útero eran hipotróficos (más pequeños de lo normal e inútiles). Esto había potenciado el sobrepeso a lo largo de mi vida y el aumento radical de peso en los últimos años, había hecho que esos episodios de desmayos, ira y de no entenderme a mí misma se multiplicaran por dos y no, no era la edad del pavo, era la menopausia (llegada cierta edad mi cerebro asimiló que mi cuerpo había terminado con la menstruación y entré en menopausia). Sumado todo este diagnóstico a lo que para algunos es lo más importante, pero que, por suerte, a mí no me podría importar menos: era imposible que tuviese hijos de forma natural.

Nunca olvidaré la reunión final en la consulta de la ginecóloga, endocrino y psicólogo presentes, cuando, ante la explicación clara de qué me pasaba, mi madre contestó con un: «¡Ya sabía yo que a ti la cabeza no te iba bien!». A lo que, mentalmente, respondí: «Gracias, mamá. Quizá deberías mirarte a un espejo».

El conocer qué estaba mal con mis ovarios no me sirvió de nada si os soy sincera. Saber que no podría tener hijos y que mis ovarios eran de la mitad del tamaño que los de una mujer adulta no explicaba la ira, la agresividad, el odio a mí misma, los desórdenes alimenticios, la autolesión, la tendencia a conductas autodestructivas como las drogas o el no soportar a mis padres. En resumidas cuentas, no explicaba nada de lo que me hacía querer saltar por la ventana cada vez que veía una abierta.

La ginecóloga me propuso varios tratamientos que no iban a regular mi peso ni, en caso de quererlos (que la respuesta era no, gracias), en un futuro poder tener hijos. Me proponían tratamientos que solo me harían sangrar unos días al mes a cambio de unos tristes estrógenos de más. Gracias, doctora, yo doy mi sangre encantada a cambio de unos cuantos kilos de menos que es lo que llevo soñando toda mi vida, pero por ganar un poco en nivel de estrógenos, no me vendo tan barato.

Esto, más o menos, se lo intenté explicar a mi madre. Estaba muy bien que hubiera tomado la iniciativa de llevarme al médico ante una anomalía biológica, pero no eran mis miniovarios los que me llevaban a cortarme el brazo. Lo que yo quería, lo que necesitaba era un PSICÓLOGO. Mis problemas no estaban en mis ovarios, estaban en mi cabeza. El sangrar o no sangrar a mí me daba igual, quería poder mirarme a un espejo sin insultarme o saber cómo gestionar la ansiedad para parar de comerme todo lo que cayera en mis manos. Y este es el gran fantasma de la salud: LA SALUD MENTAL. ¿Te rompes un brazo? Te lo escayolan. ¿Tienes un quiste? Te lo extirpan. ¿Tienes una infección? Te dan antibióticos. En todos estos ejemplos y en muchos otros la gente entiende e identifica que tu salud no está bien porque lo pueden ver. Pero aún no he conocido a nadie que por un brazo roto o un quiste de grasa se quiera suicidar. ¿Por qué le cuesta tanto a la sociedad entender la importancia de, y darle su lugar a, la salud mental?

CAPÍTULO 6

SUELTA LAS GAFAS Y FLOTA, O HÚNDETE CON ELLAS

Con aquella granada mental a punto de explotar terminé reventando todo y a todos los que estaban a mi alrededor. La desastrosa relación con mi padre culminó en una pelea física en público que me llevó a hacer las maletas e irme a casa de mi abuela materna. Sabía que la convivencia con mi abuela solo podía ser temporal, por lo que la única solución sería marcharme a Inglaterra con mi hermana, que, además, se había preocupado de buscarme una habitación de alquiler en casa de unos amigos suyos. Aunque necesitaba huir cuanto antes, salir corriendo y no mirar atrás, me daba auténtico pavor irme sola, así que le propuse a Noelia, cuya relación con su familia era igual o incluso peor que la mía, que nos fuéramos juntas. Aceptó al momento y amenazó en casa con largarse, pero cuando vio que eso era suficiente para mejorar su situación, se quedó en tierra.

Más que jodida por haber perdido en el último momento a la que era mi mejor amiga (tampoco perdí tanto, ya os lo digo), metí mis pocas cosas e inexistentes ahorros en una maleta y me fui a vivir a un pueblo dejado de la mano de Dios en la campiña inglesa. Allí me esperaba un idioma que no manejaba, la soledad más absoluta y un lugar todavía desconocido, los tres ingredientes que le faltaban a mi guiso mental de ansiedad.

¿Qué tal me fue en Inglaterra? Pues bueno, pasé dos años de auténtica mierda en aquel pueblo. Afortunadamente mi hermana se divorció cuando yo llevaba allí un par de meses y pude dejar de rebuscar comida, literalmente, de la basura de mis caseros mientras dormían para irme a vivir con ella y mis sobrinos, aunque la situación económica no era mucho mejor (¿os habéis limpiado el culo alguna vez con una página de la guía de teléfonos? No mola). Esos dos años de mi vida no valen absolutamente nada, se reducen a estar metida en internet —por fin descubrí de verdad internet, y me enganché más que a las pastillas—, sola en casa con mis sobrinos, ya que mi hermana trabajaba todo el día, defendiéndome y defendiendo a mis sobrinos de los vecinos xenófobos del barrio y yendo a un instituto en donde ni yo aguantaba a nadie, ni nadie me aguantaba a mí.

Mis sobrinos y mi hermana fueron las únicas personas con las que tuve contacto en esos dos años, y mis amigos de internet, claro. Esos dos años en Inglaterra habían sido como vivir en una burbuja, mi Gran Hermano particular. Todo el día metida en casa sin moverme y comiendo basura sentada delante del ordenador. ¿Mi recompensa a tantísimo trabajo duro? Pasé de mis habituales 105-110 kilos a la redonda cifra de 135 kilazos. ¡Superándome a mí misma en mis malas decisiones! Estupendo.

A decir verdad, aunque me sentía más enorme que un hipopótamo en su charca, no supe realmente cuánto pesaba hasta que volví a España. Fui a un centro comercial con mi madre y ella me sugirió que me subiera a una báscula. Cuando vi la cifra, 135 kilos contantes y sonantes, en la pantalla me quedé sin aliento. Estaba tan avergonzada que no pude mirar a mi madre a la cara el resto de la tarde.

La lista de malas noticias no acababa ahí, los 25 kilos de más no era lo único que había traído conmigo de Inglaterra. La total ausencia de contacto con gente había hecho que perdiera cualquier dote social, por pequeña que fuera, que me quedaba. Incluso empecé a tartamudear cada vez que trataba de entablar una conversación con alguien. Sí, tartamudear, como si hubiese nacido con ello y no pudiese hacer absolutamente nada por evitarlo. El aislamiento logró que perdiese incluso parte de mis habilidades comunicativas, lo cual es bastante *heavy* ahora que lo veo desde mi posición de chica que no se calla ni debajo del agua. Mis atracones se habían multiplicado una vez más, la comida había sido mi único consuelo y mi mayor vicio durante esos dos años de aislamiento. Me había perdido a mí misma por completo. Si cuando me fui no tenía muy claro quién era, cuando volví ni siquiera me reconocía. Y no solo cuando me miraba al espejo o me veía en fotos, cuando hablaba o me fijaba en lo que me rodeaba, me sentía como una completa extraña.

Así que, volviendo a coger una vez más las riendas de mi vida, o, al menos, intentándolo, lo primero que hice al regresar a casa fue intentar reconstruir un poco la vida que había dejado allí antes de marcharme. Llamé a las pocas personas con las que tenía trato antes de mi maniobra de escapismo a la inglesa y que todavía seguían viviendo en el barrio; muchos se habían ido a vivir fuera, a la universidad o, simplemente, ya no tenía su contacto.

La primera a la que llamé fue a Paula, con quien había solucionado las cosas poco antes de irme. A mis veintiún años me encontré igual que el verano que volví de Inglaterra después de terminar el colegio. Sin amigos, huyendo de la gente y recurriendo a Paula. Si a los catorce Paula ya era materialista y superficial, a los veinte no os quiero ni contar. Leti y ella quedaban conmigo, salíamos, pero veía esos 25 kilos de más reflejados en sus pupilas cada vez que me miraban. Cada vez que en la conversación salía la palabra «gordo» o similares se callaban, se miraban y cambiaban de tema. Poco a poco las miradas se hicieron más evidentes, convirtiéndose en risillas cuando yo salía de la habitación o cuando creían que no las oía. Solíamos quedar en casa de una de ellas, en ese momento yo pensé que ese era el plan, poco después descubrí que la razón era la vergüenza que sentían al salir en público conmigo. Y yo, en vez de mandarlas a darse una vuelta y no volver a verlas en lo que me quedaba de vida, que era, precisamente, lo que se merecían, aguantaba aquella situación cruel porque no quería estar sola ni estar en casa a pesar de que, de momento, había pactado un alto el fuego con mis padres.

Como la cosa con Paula y Leti no cuajaba del todo, por no decir que era una auténtica mierda, opté por probar suerte y llamar a Blanca. Blanca era una compañera del instituto de Noelia con quien terminé haciendo migas poco antes de irme a Inglaterra, y los veranos que vine de visita al barrio mientras vivía en tierras inglesas nos habíamos visto. Solo teníamos un verano por delante antes de que se fuera a su primer año de universidad, pero fue suficiente para cimentar la amistad que, hoy, seguimos teniendo. ¡Por fin! Una que no me ha salido rana.

Durante mis primeros días con Blanca, semana a semana fui dándome cuenta de la cagada que había sido irme a Inglaterra. Cierto, tenía poco por lo que quedarme, pero no podía dejar de pensar en lo que hubiera construido si hubiera estado en Madrid esos años. Quizá ya tendría un grupo nutrido de amigos y no me rebajaría a recurrir a Paula y Leti. Quizá tendría ya un trabajo que me permitiera independizarme y no vivir en casa. Y quizás, y esto era lo que más me importaba, no hubiera llegado a pesar esos malditos 135 kilos que no conseguía quitarme de la cabeza. Moraleja, la cagada había sido monumental.

Os voy a dar un consejo sobre vivir en el extranjero que me encantaría que me hubieran dado a mí. Si te vas a vivir fuera, bien sea a otra ciudad o a otro país —especialmente a otro país—, ten bien claro si te vas de forma temporal o indefinida. Si te vas temporalmente, vete con una fecha clara de retorno. Ve, cumple los objetivos que te hayas propuesto (viajar, aprender otro idioma, ganar experiencia, lo que sea), mantén el contacto con los tuyos mientras estás fuera y vuelve cuando te habías prometido. Fácil, ¿no?

Si por el contrario te vas sin fecha de vuelta, PIÉNSATELO BIEN. Hay algo a lo que yo llamo «el Síndrome del Emigrante», o, lo que es lo mismo, lo que sucede cuando vuelves después de un periodo largo fuera y esperas que todo siga igual. Error. Tus amigos van a tener sus vidas, sus horarios, sus relaciones, y puede que no haya sitio para ti. Porque mientras tú le das a pause a la vida que tenías en tu hogar, los demás siguen con el play pulsado y avanzando pantalla tras pantalla. Volverás y te dirás cosas como «joder es que la gente va a lo suyo», «¿ya no vais a tal sitio?», «¿no nos vamos a ver tanto?». No, porque eso era ANTES. Ellos tienen una nueva realidad, y mientras que tú has regresado a la casilla 5, ellos van por la 12. Qué pena que yo me haya enterado de todo esto al volver y no antes de irme, me lo hubiese pensado dos veces antes de liarme la manta a la cabeza y salir por patas.

En general, la sensación que me invadió al volver a casa fue la de que estaba construyendo constantemente un castillo de naipes. Pasas tu vida construyéndolo en tu casa solo para derrumbarlo cuando te vas a vivir fuera. En tu nuevo hogar empiezas de cero a construir otro castillo y, cuando alcanza la altura suficiente, regresas y toca tirarlo y empezar otra vez. Para cuando te quieres dar cuenta estás en la veintena, con una mano delante y otra detrás, sin nada que te ate a ninguno de los dos sitios mientras que la gente de tu alrededor tiene su vida ya establecida y, esto es lo peor, no hay sitio en ella para ti. Tú has estado en coma emocional y espacio-temporal, los demás no.

Así que, mi castillo de naipes se desmoronó del todo cuando Blanca se fue a la universidad, a cientos de kilómetros, y mi única opción para hacer un mínimo de vida social eran Paula y Leti. Porque, claro, cuando te sientes tan sola y derruida, la opción de mejor sola que mal acompañada ni siquiera la contemplas.

Lo peor de todo esto, lo que más me jode de aquella época, es que ni siquiera fui yo la que les dio la patada por cómo me trataban, me la dieron ellas. Un día estaba con Leti en su casa cuando Paula llamó y Leti se fue a hablar a otra habitación, esto era lo habitual cuando no querían que yo me enterase de sus cosas. Al rato Leti volvió diciendo que Paula estaba a un par de calles de allí porque había quedado con unos chicos en un garito para tomar algo, que se iba. Yo entendí «que se iba» como que bajáramos las dos con Paula. Al vernos llegar Paula corrió hacia nosotras, cogió a Leti del brazo y se alejaron unos metros. Cuando terminaron de hablar, Leti se acercó a decirme que se quedaba en el garito. Me pareció bien y les dije que entrásemos (mi inocencia de nuevo haciéndome quedar como una pringada). Leti negó con la cabeza. Ella se quedaba con Paula, yo no. Así de simple. Me lo soltó y se largaron al garito dejándome allí. Ese fue el final de nuestra tóxica amistad. Mira, ahora que lo pienso, menos mal. Mejor para mí que fuese así.

No es que no volviésemos a hablar nunca más, porque es cierto que, unos años después, Leti me confesó lo que se dijo en aquella conversación, y, vaya, ni hubiese hecho falta que me lo dijese porque era exactamente lo que yo ya me imaginaba. A Paula le daba vergüenza entrar en el garito conmigo, y a Leti le interesaba más estar con aquellos chavales que no herir mis sentimientos. A fin de cuentas, ¿a quién le importan los sentimientos de la jodida gorda?

Ni siquiera aguanté a llegar a casa para ponerme a llorar, me había roto del todo (si es que todavía quedaba algún lugar sin romper dentro de mí). ¿Había hecho bien en volver? En Inglaterra no tenía nada, pero al menos contaba con la soledad de mi casa para encerrarme y hacer oídos sordos a la mierda de mi realidad. Habiendo vuelto y sin otro sitio a donde ir, ¿qué hacía ahora?

Así comenzaron los cuatro o cinco años más oscuros de toda mi vida. Completamente sola conmigo misma y con mis demonios, aislada del mundo que me rodeaba. Empecé a volverme loca. Mi paranoia por lo que la gente podía estar diciendo, pensando o comentando de mí en público se potenció hasta el punto de sufrir verdaderos ataques de pánico ante la mera idea de salir de casa. El hecho de pasarme las horas muertas navegando por perfiles pro-ana (pro-anorexia) y pro-mia (pro-bulimia) en Myspace tampoco ayudaba mucho que digamos. Me podían dar las cinco o las seis de la mañana de perfil en perfil, almacenando en mi ordenador fotos de cuerpos desnutridos, de frases «thinspo», y alimentando la idea de que grasa + curvas, es decir, yo = el demonio. Tenía cuadernos llenos de gilipolleces que sacaba de blogs pro-mia (sentía la necesidad de consultarlos porque di por imposible el abstenerme de comer, los atracones eran parte de mi día a día) que aseguraban que masticar hielo mata el hambre. Comer hojas de papel llena pero no engorda. Cuando tengas hambre mira fotos de chicas con el cuerpo que quieres tener. Excúsate de las comidas diciendo que te duele la tripa, la cabeza o una muela. Cuando tengas hambre, pellízcate la pierna a través del bolsillo del pantalón hasta que el dolor te haga olvidar el hambre. Bebe agua hasta que revientes para sentirte saciada. Los huesos son belleza. Y una tonelada de estupideces y barbaridades más que no quiero ni sacar a la palestra porque siento verdadero asco.

No puedo cambiarlo ahora, esa fui yo durante cuatro o cinco años, sumida en la más absoluta mierda, pero, al menos, nadie va a quitarme el derecho a repateo. Así que, a todas las chicas y chicos que llevabais aquellas páginas, os deseo que hayáis encontrado el camino hacia el respeto y el amor propio. De todo corazón. Porque, de lo contrario, no creo que hayáis salido muy bien parados de ese infierno cuyas llamas alimentabais.

Pasé completamente sola temporadas eternas que casi ni recuerdo, y, ante esa soledad, mi único remanso de paz, mi única toma de contacto con la realidad sucedía cuando Blanca estaba en el barrio durante las vacaciones. Esos días salía con ella y un grupo de amigas, y siempre íbamos a garitos repletos de gente y nos encontrábamos allí con otros grupos de amigos. Todo pintaba bastante bien, ¿no? Pues no. Aquello no podía ser tan fácil como realmente era. Tenía en bandeja salir, pasármelo bien, conocer a gente amable a la que le apetecía compartir su tiempo conmigo, y, sin embargo, mi falta total de habilidades sociales y mi reclutamiento en soledad me lo impedían por completo. No quería salir a la calle, no quería que nadie me viera. No podía ni abrir la boca. En aquella época se hizo famosa la frase «¡no me hagas la de los cinco minutos!», que no era más que, cinco minutos antes de salir de casa, sufrir un ataque de ansiedad, sentarme a oscuras en mi habitación llorando histéricamente y mandarle un sms a Blanca diciendo que no bajaba. Por supuesto, esa escena se repitió bastantes veces quisiera o no, porque una fuerza superior tiraba de mí y me impedía disfrutar de lo poco positivo que me rodeaba.

De nuevo aislada, esta vez por culpa de una ansiedad y un estado de aislamiento abismales, mi mp3 y mis auriculares se convirtieron en mis mejores aliados. Ir en el tren al trabajo suponía un auténtico reto a mi cordura. Incluso con la música a tope mi cabeza me decía que escuchaba al que estaba sentado delante de mí llamándome gorda, mirándome mal, o riéndose cuando me bajaba del vagón. Ir en público sin los auriculares, sin System of a Down, Slipknot o Beethoven a todo trapo en mis oídos era impensable. Necesitaba bloquear las voces que creía que venían del exterior, cuando en realidad nacían en mi cabeza. Podía salir de casa sin las llaves, el móvil o incluso el bolso, pero sin las gafas de sol y los auriculares no bajaba ni al portal.

Ha pasado el tiempo, los días se han caído del calendario y sigo aquí, en pie y con más fuerza que nunca. Creo que es hora de verme como realmente era, de aceptarme y de perdonarme. Es el momento.

Lo siento tanto, Miren, lo siento tantísimo. Siento haberte odiado con aquellas ganas. Siento haberte hecho creer que no valías nada, que todo el que te miraba te detestaba, que eras repudiada y que no merecías compartir el mismo oxígeno que el resto de la humanidad.

Te lo digo con lágrimas en los ojos recordando la oscuridad, la profunda soledad y el inmenso vacío en el pecho que llevaste encima durante esos años. Siento que tuvieras que retirar la mirada cada vez que veías tu reflejo en un cristal y que creyeras durante tantos años que cuanto más alto era tu peso, menos valías como persona.

Años, por cierto, en los que Blanca permaneció a mi lado. Cuando otra se hubiera distanciado, haciendo una perfectamente ejecutada bomba de humo y desaparecido elegantemente, ella estuvo allí, siempre a mi lado. Ni siquiera puedo enumerar la cantidad de veces que la dejé tirada porque me fue literalmente imposible salir de casa. O la de veces que, habiendo conseguido salir de casa, me iba a los pocos minutos de haber llegado. Solo cuando estábamos solas se llevaba algo de la verdadera Miren, la divertida, la espontánea, aunque yo estuviera con la guardia alta, consciente de cada michelín e imperfección que se notaba si me movía. Estuvo allí a pesar de que, en aquel entonces, ella no tenía ni idea de qué estaba rondándome por la cabeza, más motivo aún para pasar de mí, ¿quién quiere mantener una amistad con una persona que te deja tirada cuatro de cada cinco veces que quedáis, que no quiere ir a sitios donde haya gente, que no se relaciona con el resto de colegas que están en el grupo y que, por ende, no es divertida, ni social ni entretenida? La respuesta es nadie. Pero Blanca sí.

Aún con Blanca de mi parte, me seguía resultando imposible salir de mi cueva. Articular en voz alta las palabras «me genera un pavor atroz estar en un sitio con más de dos personas al mismo tiempo» ni se me pasaba por la cabeza. Otra vez la ausencia de comunicación era mi cárcel. Era como si decirlo evidenciara y constatara lo que ya hacían mis actos. Era confirmar que el problema era yo, que si todos se lo pasaban bien y quedaban, reían y salían menos yo, la rara era yo. La paranoica era yo. El puto bicho raro era yo.

En honor a la verdad, aunque un 90 % era paranoia pura y dura, no todo eran imaginaciones mías. Siempre había algo que mantenía vivo el fuego de mi paranoia y ansiedad, como que mi grupo de amigas anduviese mucho con otro grupo de chavales y fuesen a un garito en el que hacían batallas de rap. Algunos de esos chavales estaban liados con algunas de mis amigas. Puede que tú también creas, y esto es en lo que siempre me he equivocado, que tener amigos en común con alguien es un comodín para que no te ridiculice. Error. Fueron más de tres, más de cuatro y más de cinco las veces que pillé a alguno de estos chavales haciendo comentarios despectivos o burlándose de mí. Cosillas como que hubiese un sitio libre a mi lado, mirar el sitio, mirarme a mí y quedarse de pie haciéndole un gesto irónico a otro de sus amigos que dejaba entrever un «no me siento al lado de esa puta gorda ni muerto, no vaya a ser que me relacionen con ella». O, si pedía paso para ir al baño, algunos de ellos hacían un gesto de asco cuando pasaba.

No, no todo eran imaginaciones, eso pasó de verdad. Yo estaba allí para verlo y para sufrirlo en primera persona. Y, aunque estuviese en mi pozo de mierda personal, aún sabía distinguir perfectamente lo que mi cabeza me decía que pasaba de lo que mis ojos veían que realmente estaba pasando.

Lo que aún me pregunto hoy, cuando recuerdo esos desplantes y esos gestos hacia mí, es ¿qué cojones les importaba a ellos lo que yo pesara o dejara de pesar? ¿Qué pasa, que si no era «follable» no era digna de estar en su presencia? ¿Acaso se creían esos pseudorraperos del tres al cuarto que me estaban haciendo algún favor por permitirme respirar el mismo aire que ellos? Este es el sentimiento que me sale ahora, porque cuando tocas fondo te das cuenta de que abajo del todo, en lo más profundo, es donde yace (lleno de rasguños y heridas aún por cerrar) tu amor propio. Pero a mí, como no podía ser menos, aún me quedaba un tiempo para llegar hasta él.

En mi búsqueda de soluciones, poco a poco me fui abriendo a Blanca, al menos lo suficiente como para sugerirle que tenía algún tipo de malestar o nervios cuando estaba en público. «Ansiedad», la palabra era «ansiedad», pero era incapaz de pronunciarla. Ideamos un código y la palabra «pajaritos» se convirtió en la señal de que, en situaciones sociales, me tenía que ir porque estaba a punto de brotar y de que me diera un ataque de pánico.

Gracias a la paciencia de Blanca y a nuestro código, poco a poco me animé y empecé a salir más y a estar tranquila en compañía. También cambiamos de ambiente y dejé de ver a los Eminem *wannabe*, lo que, automáticamente, me hizo sentirme más cómoda cuando salía con ellas. Aunque en su momento no fui consciente, estos pequeños pasos que fui dando día a día agarrada del firme brazo y respaldada por la enorme amabilidad de Blanca fueron la clave para empezar a salir del pozo. Pasito a pasito, a mi ritmo, escoltada por la fuerza y el cariño de alguien que me quería de verdad. Quizá de la primera persona que había conseguido verme como realmente era, de indagar qué había debajo de mi ansiedad, mi caparazón y mis kilos de más.

Lo mejor de todo es que no hacía nada de aquello por obligación, sino que tenía ganas de salir de mi cueva, de conocer a gente, de mostrarme al mundo. Estaba empezando a descubrir que yo sumaba y que tenía cosas buenas que aportar. Y, si a esa edad, con veintitrés, veinticuatro o veinticinco años, me hubieras dicho «ponte un bañador y vete sola a una piscina pública», te hubiera mandado tajantemente a la mierda, sino a un sitio más lejos; así que, obviamente, superar todos mis complejos fue un proceso duro y muy muy largo. Pero ahora mismo, viéndolo retrospectivamente, creo que sí que debes hacer lo que te da miedo. Enfrentarte con cautela a tus demonios internos. No te digo que te tires al vacío sin ver si hay red en plan terapia de choque, pero sí que vayas sacando el pie cada vez un poco más hasta que consigas salir del todo. Y hazlo de la mano de alguien que te quiera. ¿Lo habría hecho sola? Definitivamente NO. Estar rodeada de gente que me generaba confianza, que sabía que no me juzgaba, y tener la tranquilidad de que todos conocían, en mayor o menor medida, el estado en el que me encontraba y estaban dispuestos a respetar mis límites fue el inicio de mi cura y lo único que consiguió encauzarme por el camino que me merecía.

Con esfuerzo, incluso conseguí ganar la confianza suficiente como para quedar con otras chicas del grupo cuando

Blanca no estaba en la ciudad. Os cuento esto porque me veo forzosamente obligada a hacer en estas páginas una mención de honor a la primera vez que, cambiándonos de ropa para ir a algún sitio, me quité los pantalones delante de Ángela —no tenía opción de hacerlo en otro sitio a solas, también os lo digo— y ella no me miró, ni tan siquiera de reojo, el mar de celulitis y estrías que eran mis piernas. ¿Por qué no había mirado al monstruo del pantano? La gente me miraba fijamente incluso cuando iba por la calle, ¿por qué ella no lo había hecho? No percibí el mínimo interés, curiosidad o ASCO por su parte. Aquello hizo un clic en mi cabeza, y lo supe al instante. Con aquel sencillo gesto, o, más bien, con aquella ausencia de ningún tipo de gesto que pudiese molestarme, del que ni ella se habría percatado, se ganó mi confianza al momento. Incluso Blanca, respetuosa de mi pudor y vergüenza, se giraba o fingía hacer otra cosa si me tenía que cambiar, pero Ángela, directamente, lo ignoró como si yo fuera Vir, Isa o Nagore. Vamos, como si fuera una de «las normales», hablando mal y pronto.

Ángela fue el nexo de unión en mi vida social durante las ausencias de Blanca. No sustituía ni de lejos la amistad con Blanca, pero era alguien con quien salir y no quedarme encerrada en casa. Era, como lo había sido Paula en su día antes de toda la mierda superficial, una persona divertida, alegre, supersocial, abierta y, lo más importante, me trataba como a una más. Si había planes con las demás, contaban conmigo. Si iban a algún sitio, fuera quien fuera, me invitaban. Por primera vez en mi vida me sentí tan valorada y respetada como una chica delgada (porque, en mi maldita mente, seguían vigentes las dos listas de personas: las gordas y las delgadas, o, lo que es lo mismo, las no aptas y las aptas).

Y llegados a este punto, amigos míos, aún a riesgo de parecer un poco madre, esta señora os tiene que dar el que, personalmente, creo que es uno de los consejos más importantes de este libro. Si quieres dejar de sentirte como una mierda ¡deja de rodearte de gente de MIERDA! Fin.

Si queréis saber cómo sigue esta historia, os diré que hasta esta época, y ya rondaba los veintiséis años, no comprendí lo importante que era mi entorno para mi bienestar y la influencia que tenía en mí como persona. Cuando dejé de juntarme con amigas que me hacían chantaje emocional (Noelia), o con amigas que se avergonzaban y que me menospreciaban (Paula y Leti), y cuando estuve rodeada de gente que veía más allá de mi peso (cosa que aún no podía hacer ni yo), cuando vi que los que me rodeaban no se llevaban las manos a la cabeza si se me notaban los michelines al sentarme, o que no se quedaban ojipláticos cuando estiraba el brazo y veían cómo me colgaban las carnes; en ese preciso momento fue cuando supe lo que era la tranquilidad de estar en un ambiente seguro, protegido, sin prejuicios, ni risas a escondidas, ni cuchicheos a tus espaldas, ni ese asco que se hacía pasar por amistad.

Y así era exactamente como me sentía cada vez que subía a Bilbao a pasar tiempo con mi amiga Agurtzane. ¿Cómo pueden estar dos ciudades tan cerca y ser tan abismalmente diferentes? En Madrid jamás me hubiera atrevido a ir a una discoteca de moda (el Radical o la Cubierta de Leganés por aquella época), esos lugares los tenía catalogados como de «alto riesgo» (que no me libraría de que algún graciosillo se metiera conmigo, vamos). En Bilbao, sin embargo, Agurtzane y su círculo nunca me miraron raro, ni cuchichearon, y me aceptaron tal como era desde el minuto uno. Tanto que me sentí segura de ir con ella a los equivalentes del Radical en Euskadi. El Txitxarro, la NON, discotecas que no hubiera pisado en Madrid ni muerta. Recuerdo la primera vez andando sola por el parking del Txitxarro buscando al hermano de Agur. Unos chicos con la fiesta montada en el coche me pidieron un cigarro. Se lo tendí casi sin mirarles a la cara y ¿sabes cómo terminamos? Desfasando en su coche. ¿Eso en Madrid? IMPENSABLE. Gracias, Euskadi, por ayudarme a recuperar la fe en el ser humano.

Pero ¿tuve que pasar mucho tiempo sola y hacerme amiga de mi soledad para conseguir llegar hasta ese punto? Sí, por supuesto, pero dignos son de lástima aquellos que no estén a gusto con su soledad.

Con todo lo aprendido entendí que no todo valía con tal de tener algo parecido a un amigo. No valía ser el *punching ball* o la cabeza de turco de las bromas de tus «amigos» a cambio de las migajas de su tiempo y de un mínimo contacto social. Entendí que al aceptar las reglas de la amistad con Paula, aguantar las mofas con tal de estar con ella, donde creía que estaba luchando por algo beneficioso lo que estaba haciendo era hundirme más en mi miseria.

Si estuvieras hambriento y perdido en un bosque, ¿te comerías unas setas venenosas sabiendo que te van a matar? ¿Preferirías seguir vivo y hambriento, o saciado y muerto? Pues forzar y aguantar una amistad dañina es exactamente eso.

Esta situación inesperada de confort y seguridad con mis amigas se extrapoló a otros aspectos de mi vida. En el trabajo me sentía más segura de mí misma. El refuerzo positivo de mis amistades me llevó a permitirme el reconocimiento de que desempeñaba bien mi labor profesional. Me estaba encontrando en todos los lugares a los que iba. Me reconocía en mis conversaciones, en mi humor ácido, en mi sarcasmo. Salieron a la luz virtudes como mi capacidad para defender mis opiniones, mi poder en los debates; y también fui capaz de asumir las cosas que hacía mal e intentar mejorarlas. En donde una corrección de un superior hubiera sido en otra época de mi vida motivo de irme a casa alicaída, vencida y con una excusa para machacarme a mí misma, se había convertido en un reto por mejorar, por saber que estaba en mi poder superarme a mí misma y lograr nuevas metas.

La verdad es que todo este cambio fue un proceso natural, con sus altibajos y sus paradas técnicas, poco lineal y escarpado. Este proceso choca mucho con una de las preguntas más recurrentes que muchos de vosotros me lanzáis por redes sociales: ¿cuándo cambian las cosas? ¿Qué día te diste cuenta de que te tenías que querer? No hay respuesta, no puedo señalar un día en el calendario y deciros «ese día empecé a quererme». Como os digo es un proceso (y odio el término «proceso» porque suena a largo y tedioso pero no, el día menos esperado estás ahí casi sin saberlo). Sí os puedo decir que el día que me cambié de ropa delante de Ángela me marcó, pero lo demás vino rodado. Fue una bola de positividad que empezó a girar haciéndose cada vez mayor y aplastando todo lo malo a su paso. Estar en un círculo de gente respetuosa y cariñosa me alimentaba de positividad para conmigo misma a diario. Aquello lo llevé, inconscientemente, a mis relaciones en el trabajo. El desempeñar bien mi trabajo me demostró que no solo era digna de que un grupo de amigas —que, mira tú, para eso son amigas, va implícito el que te tengan que querer bien aunque yo no lo supiera— pudieran ver cosas positivas en mí, sino que esforzándome y teniendo una actitud positiva y de aprendizaje ante mi trabajo (llámalo «trabajo», «estudios» o lo que te propongas), también superiores y compañeros me respetarían y verían en mí esa luz.

Poco a poco mi cerebro fue despejando el nubarrón de odio hacia mi propio ser. Imagino que rodearme de un ambiente sano hizo las veces, sin desmerecer el trabajo de nadie, del psicólogo que durante tantos años me había hecho falta. Como si de un mapa del tiempo se tratara, las nubes se iban alejando y dando paso a áreas de mi personalidad que desconocía y llevándose consigo las lluvias.

¿Qué trajo la claridad que dejaron las nubes? El creer en mí misma, saber que era capaz de hacer las cosas bien. El defenderme, ya no de ataques, sino saber llevar una conversación o un debate en donde no se me estaba dando la razón y poder argumentar mi punto de vista cuando, anteriormente, hubiera agachado la cabeza y asentido. El aprender a decir NO. Pasé años diciendo que sí a todo. A las drogas, a ir a sitios a los que no me apetecía para nada ir, a quedar con gente cuando no quería, a salir de casa cuando no tenía ganas, a prestarle dinero a alguien cuando no me daba la gana, a asentir ante cuentos de la gente aunque supiese que me estaban mintiendo... ¿Por qué? Porque tenía miedo de que aquellas personas se alejaran de mí. Tenía miedo de que, si no le prestaba dinero a Paula cuando me lo pedía, me dejara de llamar. Miedo a que Noelia no fuera mi amiga si le decía que sabía que me estaba mintiendo.

¿Recordáis lo de la seta venenosa y el bosque? Eso era lo que yo estaba haciendo. Pero ¿ser capaz de decir que no? ¡Decir NO es jodidamente orgásmico! Al negarte no estás siendo una persona difícil, peleona o problemática. Decir no significa que conoces tus límites, que eres consciente de lo que vales y que sabes qué cosas no estás dispuesto a hacer por satisfacer los caprichos de los demás, especialmente cuando son perjudiciales para ti.

¿Mandar a gente tóxica a la mierda y aprender a decir que no? Las dos mejores cosas que me han pasado en mi vida.

Pero, una vez más, no todo podía ser tan bonito, así que, mientras que los amigos y el trabajo eran dos terrenos que había conquistado, la relación con mi padre y la convivencia en mi casa seguía siendo una batalla perdida. Veía cómo mi sano círculo de amigos había mejorado mi carácter, mi autoestima y mi felicidad en general, por lo que supe identificar que la actitud y el trato que recibía en casa era un lastre para seguir mejorando y, en última instancia, para alcanzar mi felicidad total.

Fue entonces cuando tuve que tomar una decisión, o soltaba todo el lastre y salía a flote, o me volvería a hundir.

CAPÍTULO 7

ESA VOZ TÍMIDA

A pesar de que mi vida había mejorado en muchos aspectos, la relación con mi padre era uno de los que aún no había conseguido conquistar. En honor a la verdad, debo confesar que no tenía especial interés en llevarme bien con él, ya que en ese momento me daba absolutamente igual, pero simplemente necesitaba vivir tranquila y a gusto en mi propia casa, aunque mis esfuerzos para lograrlo no fuesen necesariamente sobrehumanos. La relación con mi padre se resumía en una sola frase, la frase que más le repetí en aquellos años: «para hablarme mal, prefiero que no me hables».

Y es que a pesar de ser adulta, de tener un trabajo, de haber adelgazado unos cuantos kilos de forma natural (en ese momento pesaba en torno a 125 kilos), de no estar todo el día tirada en casa y de tener por fin amigos, mi peso era el único tema que parecía importarle a mi padre. Y eso me reventaba. Si esta guerra fría continuada no fuera suficiente, el conflicto entre ambos empeoró cuando mi hermana entró en juego para dinamitar del todo nuestra relación casi sin darse cuenta. Ella le contaba a mi padre por teléfono que estaba adelgazando (pesaba lo mismo que yo aproximadamente y medía 10 centímetros menos). A partir de ese momento las únicas ocasiones en las que mi padre no me gruñía era para decirme, en el mayor tono jocoso, cosas como «mira tu hermana, dos embarazos y pesa menos que tú», «con tu hermana adelgazando ya eres la más gorda de la familia», «tu hermana ya ha perdido 15 kilos ¿tú, para cuándo?». Estos y otros «piropos» eran mi día a día en casa, y, como ya supondrás, la situación era cada vez más tensa e insostenible.

En otra época hubiera considerado todas estas lindezas que mi padre me dedicaba a diario como otra gilipollez más por su parte, pero en ese momento mi hermana y yo no teníamos buena relación a pesar de haber vivido dos años juntas (a decir verdad, probablemente fue esa convivencia lo que hizo que tuviéramos mala relación). Así que, en un intento desesperado de dar con una solución y como había sucedido tantas otras veces en mi vida, tomé decisiones para cambiar de la forma equivocada y por los motivos equivocados.

En mi razonamiento poco acertado pensé que, como toda esta situación explotó durante las Navidades, haría honor a la frase de «año nuevo, vida nueva» y, a partir del 1 de enero, centraría todas mis fuerzas en empezar a adelgazar como si no hubiera un mañana. ¿Cómo iba a permitir que mi hermana estuviese más delgada que yo? No podía pasar. Me moría por darle en los morros a mi padre, y, a falta de amor propio para ponerle en su sitio con los argumentos correctos, traté de comenzar mi venganza personal de la forma equivocada.

Me apunté al gimnasio e iba a mis clases de cardio, *body combat* o *step* todos los días religiosamente. Eran tantas mis ganas de demostrarle a todo el mundo que podía con ellos que muchos días iba incluso dos veces. Además de pasar de cero a cien en el tema ejercicio, empecé a restringir las calorías de mi dieta diaria. Mi nueva vida se centraba en hacer ejercicio como no lo había hecho nunca, y en no ingerir más de 400 o 500 calorías al día (una auténtica barbaridad teniendo en cuenta mi altura, peso, y el estilo de vida que llevaba). Mi moneda de cambio para aguantar el hambre y el cansancio es que, semana a semana, mes a mes veía la cifra caer en picado en la báscula: 125, 120, 117, 115 ¡111! Esos malditos 111 kilos. Cuando la báscula de la farmacia marcó aquel peso recordé cuando otra báscula había marcado 135 kilos y casi me pongo a llorar. ¡Nunca había sentido tanto orgullo de mí misma! ¡No rondaba los 110 desde antes de irme a Inglaterra! Lo había conseguido. Había logrado mi objetivo de enseñarle a mi padre de qué pasta estaba hecha, de lo que era capaz sin su apoyo. Pero, entonces, ¿por qué no me sentía feliz en absoluto?

La respuesta es sencilla, y es que, en el fondo, sabía perfectamente que la forma en la que estaba haciendo las cosas no estaba bien. No era buena para mí, no solucionaría mi problema de autoestima ni nuestros problemas de relación; los medios no eran los correctos y el objetivo aún menos. En el fondo sabía que el estilo de vida que estaba eligiendo era tan nocivo como mi anterior estilo de vida, el de los atracones, los cortes o las drogas. Bien es cierto que no me sentía cansada, ni alicaída, no estaba a punto de desfallecer y mi cuerpo respondía bastante bien a pesar de que el 90% de mi dieta eran líquidos. Y, a decir verdad, esta ausencia de una sensación física negativa era peligrosa y me animaba a seguir. Además, nadie me decía nada sobre lo poco que comía, sobre la forma tan radical en la que habían cambiado mis hábitos o sobre lo rápido que estaba perdiendo peso. Más bien todo lo contrario, todo eran elogios, buenas palabras (incluso por parte de mi padre). La combinación era casi mortal, yo me sentía bien habiendo ganado la batalla, mi cuerpo no se había resentido demasiado y me pedía más, y mi alrededor se deshacía en elogios. No podía parar, y, una vez más, no paré. Ahora, viéndolo de forma retrospectiva, me doy cuenta de que la decisión fue incorrecta y de que estaba empleando mis fuerzas de forma equivocada, pero también, en una lectura un poco menos pesimista, este viaje del horror entre ejercicio y hambre me ayudó a aprender que, si quería y me centraba, disponía de la disciplina y la voluntad necesarias para lograr todo aquello que me proponía.

En aquella época, y por primera vez en años (y fácilmente podría estar hablando de unos diez años), mi padre alabó mi aspecto de forma positiva. Bueno, o de forma casi positiva, ya que siempre lo hacía con alguna puntillita. Pero el simple hecho de que se fijase en mis avances y los resaltase de alguna manera ya era un logro. Bien es cierto que luego estaba la parte de los reproches, y, por ejemplo, si creía que se me pasaba la hora de ir al gimnasio (tuviera clase o no), me llamaba la atención al respecto, o si directamente decidía no ir algún día, él ya empezaba con el «ya decía yo que te estaba durando mucho» o el «no has adelgazado tanto como para dejarlo ya».

Seguramente gracias a la suma total de todos los comentarios, o a los elogios de mis amigas o de mis compañeros de trabajo, poco a poco, empecé a escuchar en mi cabeza una voz que hacía mucho tiempo que no escuchaba. Una voz compulsiva que me instaba a no parar, a demostrarles a todos lo que podía llegar a hacer. A enseñarle al mundo que podía comer cada vez menos, que podía adelgazar cuanto quisiese, que podía estar más delgada que mi hermana y, por ende, ser mejor que ella.

Tan fuerte se hizo esa voz que un día, y casi sin darme cuenta, me encontré a mí misma buscando páginas pro-ana y pro-mia en internet. Myspace había pasado de moda y había eliminado todos los perfiles de ese estilo, así que tuve que apañármelas y ponerme a investigar para encontrar otros lugares que alimentaran y saciaran al mismo tiempo mi necesidad de seguir haciendo lo que estaba haciendo. Navegué por foros, Tumblr, Livejournal, Blogger y una infinidad de páginas más para encontrar frases e imágenes que corroboraran que lo que estaba haciendo estaba bien, que el restringir los alimentos y dedicar la mayor parte de mi tiempo al ejercicio físico era el camino a la felicidad que nunca había tenido, a la aprobación total por parte de todos.

Y, cuando estaba en el culmen de esta serie de malas decisiones, apareció una nueva amiga en mi vida para impedirme que me salvase de mí misma una vez más. Era prima lejana de alguien que me sonaba mucho, mi mejor amiga hacía muchos años, sin embargo, a pesar de los lazos familiares lejanos, el sentimiento hacia esta nueva compañera era casi el mismo. Aquella antigua amiga había sido la sensación que tenía después de vomitar en los años de instituto. Una sensación que me hacía sentir vacía, en orden. Su prima lejana, sin embargo, era todo lo contrario. En vez de darme atracones, que era lo que llevaba haciendo toda mi vida, mi nueva amiga del alma me ayudó a la hora de restringir alimentos, de frenarme con la comida, haciéndome yonki del sentimiento de tener HAMBRE. Esa era mi nueva fiel compañera: el hambre voraz. Empezaba como un cosquilleo en la boca del estómago cuando llevaba un buen rato sin comer y sin beber. Cada día lo ignoraba un poco más hasta que conocí el hambre de verdad, cuando tu estómago se retuerce sobre sí mismo y ruge tan alto que es capaz de despertarte. No podía creer que hubiera conquistado el otro lado del espectro, que pudiera vivir sin bollería, sin atracones, diciéndole a mi madre que me quitara comida del plato en vez de ir a escondidas a la cocina a comer lo que quedaba en la cazuela. ¿Cómo lo había conseguido? Ya casi ni me acordaba de que un día lo había deseado con todas mis fuerzas, y que, de repente, aquí estaba. Y parecía que había llegado para quedarse (y eso me encantaba).

Mi propósito de «año nuevo, vida nueva» que había comenzado y emprendido con éxito desde el primer día de enero marchaba viento en popa, y, aquel mismo verano, cuando llevaba ya nueve años sin ponerme un bañador, volví a la piscina. Recuerdo que fui a comer con mi madre y pasamos por delante de una tienda de deporte. Yo me veía —y sentía— genial conmigo misma, y para cuando me quise dar cuenta estaba navegando entre los burros de bañadores. «Como haya uno que me valga, me lo compro.» ¡Me compré dos! Dos bañadores deportivos de Umbro de la talla 52 ¡y me quedaban como un guante!

En realidad, la última vez que había estado en la piscina había sido el verano anterior. Unas amigas querían ir y yo accedí y organicé el plan. Saqué entradas para ir a mi piscina de siempre a pesar de que hacía ocho años que no ponía un pie por allí. ¿Pero qué hice al llegar? Me quedé vestida. Mis amigas se pusieron sus bikinis y se tiraron al agua y yo me quedé fuera, vestida, sentada en el banco de la orilla haciéndoles fotos. A eso había quedado relegada, a fotógrafa de los momentos felices de los demás ¡Que bofetón le daría a esa Miren ahora mismo!

Pero esta vez fue diferente. Estiré mi toalla en el césped, me quité el vestido (ahora me atrevía a ir con tirantes y todo a pesar de mis brazacos, *amazing*), y fui con paso firme hasta el agua. Siempre me encantó nadar, bucear, estar en el agua. Me hacía sentir LIBRE. Y cuando me tiré de cabeza por primera vez, buceé y recordé el olor a cloro, la visión debajo del agua, cómo salir con la cabeza inclinada para que el pelo no te molestara, y, al rememorar todos estos recuerdos y sensaciones que había dejado atrás por culpa de mi peso, me empecé a reír sola. ¿Cómo pude estar tantísimos años sin hacer una de las cosas que más me gustaba y más feliz me hacía? ¡Nada más y nada menos que nueve años perdidos!

Lo que también me gustaba de la piscina era que podía disfrutar y practicar deporte al mismo tiempo. Gracias a la natación hice bastante fondo y seguí perdiendo peso. Pero disminuir constantemente de peso no mejoró la situación en casa. Esta siguió empeorando hasta estallar, y las Navidades siguientes, un año después de comenzar con mi pérdida de peso, decidí que tenía que irme de casa sí o sí. Era el momento.

Justo cuando tomé esta decisión en firme, resultó que Nagore, una de las amigas del grupo, alquilaba una habitación en su casa. No estaba cerca del barrio ni de mi trabajo, y, *a priori*, no sería un cambio demasiado cómodo en cuanto a logística, pero la situación con mi padre llegó a niveles insospechados y no podía aguantar ni un minuto más, necesitaba irme de casa YA. Lo planeé y organicé todo sin decir nada en casa casi hasta el mismo día en el que me iba (y, siendo sincera, solo se lo dije a mis padres porque necesitaba que me ayudaran a llevar cosas). A mi madre le entristeció la noticia, pero lo entendió. «Pero ¿cómo no se va a querer ir de casa la criatura con la forma en que la trata su padre?», le escuché un día cuando hablaba por teléfono con mi abuela. Mi padre, sin embargo, actuó como si nada. No sé si realmente le daba igual o lo fingía, pero, fuera como fuese, me ayudó a llevar las cosas en coche a mi nueva casa. Eso sí, se negó a subir. ¿Se negó por indiferencia o porque le molestaba que ya no fuese a estar a su alcance para provocarme cuando quisiera? Todavía no lo sé.

Con mi nueva independencia volvieron a surgir algunos problemas. Al cambiar de barrio tuve que dejar el gimnasio —estaba al lado de casa de mis padres y yo me había mudado al centro de Madrid—, pero, aun así, conseguí mantener el peso los primeros meses. Aunque, y como era de esperar al no saber cómo llevar una alimentación equilibrada, poco a poco empezó a aumentar de nuevo: 113, 117, 121, 125... Y fue en este punto cuando descubrí algo sobre mí misma que desconocía (a finales de la veintena y aún descubriéndote a ti mismo. Adolescentes, no os agobiéis, que va para largo). Toda la confianza en mí misma, las virtudes que había descubierto durante la pérdida de peso, la coquetería, el querer arreglarme y pasar un rato delante del espejo, el desparpajo y la actividad social que trajo el vivir con una amiga, todo aquello PERMANECIÓ. ¿Por qué, si había vuelto a ganar peso, no me volvía a sentir como una mierda? Qué narices, ¡me debería sentir peor! ¿No era una auténtica decepción haberlo perdido solo para volverlo a ganar? ¿Por qué seguía siendo feliz, coqueta, arreglándome, saliendo, colgando fotos mías sin retocar en internet? ¿Por qué me seguía viendo bien en las fotos si mi mandíbula había perdido la definición y empezaba a asomar de nuevo mi papada? No tengo muchas virtudes, pero de las pocas que son descubrí la mejor: quedarme con el aprendizaje positivo de una etapa negativa.

Sí, había vuelto a ganar el peso. Sí, volvía a ser una gorda de 125 kilos. Sí, volvía a comer comida basura. Pero, ante todo pronóstico, era una gorda de 125 kilos con amigos, chicos y chicas, maravillosos. Y sí, era una gorda de 125 kilos, pero que tenía un trabajo en el que era feliz y un círculo que me aportaba momentos positivos. Y sí, era una gorda de 125 kilos, pero era una mujer independiente que se mantenía a sí misma y que entraba, salía, viajaba y gastaba su dinero como y cuando quería.

Tras irme de casa y dejar de machacar mi cuerpo y mi mente con rutinas militares absurdas, después de darme cuenta de que lo mejor de mí misma era mi personalidad y no mi peso, gané tanta confianza en mí misma ¡que incluso tuve mi primera relación seria! Una amiga del trabajo hizo de celestina con un compañero de su departamento. ¿Era mi hombre ideal? No, pero era un chaval majo y, lo más fascinante, al que yo le gustaba de verdad.

Tengo que admitir que no me porté bien en aquella relación. A pesar de que mi autoestima estaba en auge es obvio por como actué que aún no me quería tanto como podía y debía, haciendo imposible que, en ciertos aspectos, los demás me pudieran querer. Esto que voy a contar es incluso vergonzoso, pero, en más de una ocasión, le pregunté «¿estás seguro de que te gusto?». Vamos a ver, imbécil, ¿por qué no le vas a gustar si está contigo? Eres divertida, se puede hablar contigo de cualquier cosa, sabes escuchar, eres abierta de mente y respetuosa, eres una tía independiente, trabajadora y, qué cojones, ¡guapísima! ¿Cómo no va a estar seguro de que le gustas? ¡Le encantas! Y eso es lo que mereces.

Aunque suene un poco tópico, fue en ese momento de mi vida cuando realmente entendí el verdadero significado de la famosa frase de «si no te quieres a ti mismo, nadie te podrá querer». Cuando te la dicen otros es el típico cliché que te deja con cara de *what the fuck, dude?* Pero cuando te ves en una situación en la que aplicar, coño, ¡qué sentido tiene!

A raíz de esta relación seria en la que yo no confiaba en absoluto, menosprecié los sentimientos de mi pareja hacia mí porque, en el fondo, muy en el fondo, aún había algo que me decía que yo no era digna de que alguien se enamorara de mí. Sí, estaba conmigo y nos lo pasábamos bien y todo lo que tú quieras, pero era esa vocecilla cabrona la que me hacía pasar de la relación y de él e ir a mi bola. Tanto fue así, y esto es jodidamente patético admitirlo, que le dejé por Facebook. Pero espera, no solo le dejé por mensaje privado, es que le dejé estando los dos en la oficina a escasos 50 metros el uno del otro. Miren, te has lucido, guapa, te has lucido.

Raúl, lo siento. Me alegro de que después encontraras a alguien que te quisiera más y mejor. Es lo menos que te merecías.

Pero, de nuevo, me quedé con lo aprendido de esta experiencia. Os voy a contar otra de mis paranoias (*freak moment coming*). Yo nos veo, a los humanos me refiero, como personajes de los Sims. Tenemos medidores de necesidades (alimentación, higiene, social, laboral, emocional, etc.), y si estos medidores no alcanzan un mínimo aceptable, nos cortocircuitamos. Es decir, si hay uno de esos aspectos importantes en la vida al que no estás prestando la atención necesaria, te desequilibras. Pues el sentimental/emocional era mi asignatura pendiente. ¿Cómo no lo iba a ser si vivía pensando que le daba asco a la gente? Por lo que una relación sentimental, o meramente carnal, no se me pasaba ni de lejos por la cabeza. ¿Resultado? Ese medidor siempre había estado al rojo vivo.

¿De qué me sirvió esa relación? Me hizo ver que era capaz de aumentar ese medidor. Que sí, que en este punto de mi vida y a pesar de los 125 kilos que llevaba encima, había gente que me podía considerar como pareja ¿qué locura, eh?

Con este descubrimiento como estandarte me lancé al mundo de las páginas para conocer gente *online*. Y, no os voy a engañar, los niveles de ansiedad antes de conocer a alguien en persona eran estratosféricos (pero no hay nada como llorar como una perra al teléfono con tu mejor amiga para que te tranquilice. Mano de santo, oiga).

No quedé con muchos chicos, y de las citas que tuve ninguna llegó a buen puerto, pero todas sirvieron como aprendizaje y eso era lo que me importaba. En otra época de mi vida solo hubiera sido crítica conmigo misma ante estos encuentros con frases injustas como «has estado muy nerviosa y has tartamudeado, se te notaba mucho la tripa sentada de esa forma, no ibas lo suficientemente arreglada y no le has gustado» y un casi interminable etcétera. Sin embargo, me descubrí a mí misma siendo exigente con los demás. No exigente como para querer a un Dios griego con tres carreras, políglota y que me llevase a dar una vuelta en su Ferrari descapotable, pero sí que buscaba unos mínimos que consideraba básicos como la sinceridad, que tuviera buena conversación, que fuera amable, divertido. Vamos, lo mismo que yo podía ofrecer. Era justo y no pasaría por el aro de quedarme con algo peor solo por encajar o por tener novio.

Estuve un mes hablando con uno de los chicos por internet y por teléfono antes de conocernos en persona. Nos gustaba la misma música, tenía un sentido del humor similar al mío, era muy alto (única cualidad física que realmente me importaba, porque, oye, cada uno tiene sus gustos y no está de más darse un caprichito) y las conversaciones telefónicas se hacían amenas. ¿Con qué me encontré cuando quedamos? Con una persona marimandona, que había mentido sobre algunos aspectos de su vida, con una actitud casi tirana en algunos temas, intransigente, clasista. ¿Qué hubiera hecho la Miren sin autoestima? Hubiera asentido a todo, hubiera dejado que él dictaminara cómo iría la cita, y solo hubiera sido crítica con ella misma y con los errores que ella habría cometido. Pero no, para mi sorpresa me encontré a mí misma redirigiendo la conversación, recalcando puntos sobre los que había mentido y dando por zanjada la cita cuando tuve suficiente. ¿Qué estaba pasando? ¿Me podía permitir, siendo una gorda como era, el ir descartando a tíos así porque sí? ¿No debería aferrarme a él como a un clavo ardiendo y dar gracias de que se hubiera presentado? ¡PUES NO!

Y este razonamiento, que ahora me parece tan obvio y tan simple cuando lo escribo sobre el papel, es algo con lo que me ha llevado un tiempo estar en paz en mi interior. Habiendo sido objeto de burlas y críticas toda mi vida, ¿qué derecho tenía a juzgar y criticar a los demás si me habían fallado o molestado? Pues, ni más ni menos, el mismo derecho de una persona que sabe lo que quiere, y lo que nadie quiere es que le mientan.

Yo no mentía sobre nada, mis fotos de cuerpo entero dejaban ver lo que había y los datos de mi perfil el resto, ¿por qué esperar menos de los demás? ¿Porque nadie me va a querer y más vale un pájaro en mano que un pollo en fotografía? ¡No!

Si dices que mides 190 centímetros y cuando apareces mides 170 centímetros, has mentido. Si hemos tenido conversaciones sobre cine, música y viajes, y cuando quedamos resulta que, primero, no me dejas hablar; y, segundo, solo quieres hacer un monólogo soporífero sobre el gravísimo peligro de extinción en el que se encuentran algunas aves pelecaniformes y sus enclaves protegidos... No me interesa tu conversación (o, bueno, tu interminable monólogo) y me das a entender que en las charlas que teníamos solo me estabas siguiendo el rollo y no me estabas haciendo ni caso. Si estamos una semana conociéndonos por internet y por teléfono y cuando quedamos te pasas la cita tragando cerveza como si no hubiera un mañana mientras me cuentas las historias de cómo y cuándo te has tirado a todas las chicas que has conocido por internet, no me vas a gustar primero por fanfarrón ¡y segundo por imbécil!

Yo entiendo que a esa gente que cree que los gordos nos tenemos que conformar con la primera persona que nos quiera esto le va a volar la cabeza, pero amigos, NO FUNCIONA ASÍ.

No por ser gorda me tengo que conformar con alguien que me mienta solo porque yo le gusto.

No por ser gorda me tengo que conformar con alguien que no encaje conmigo solo porque me presta atención.

No por ser gorda me tengo que conformar con alguien que no me atraiga solo porque se ha presentado a la cita.

Y volvió esa voz. Una voz lejana, tímida, casi imperceptible. Una voz que no oía desde que era pequeña, cuando aún no tenía preocupaciones y mi cuerpo aún no era una desventaja. Al principio esa vocecilla hizo su aparición como un mero susurro, pero, con el tiempo, fue ganando fuerza y hablando con firmeza. Una voz tímida que me dijo: seas como seas puedes, y debes, tener estándares. Y te mereces algo tan bueno como cualquier persona que conozcas.

CAPÍTULO 8

DE SUSURROS A GRITOS

Con ese nuevo entendimiento empecé a hacer un ejercicio nuevo, constante. Sin darme cuenta, mi vara de medir estaba cambiando. Empecé a hacer examen interno sobre qué ofrecía yo a los demás, y resultó tan sencillo que incluso puede resumirse con un acto cotidiano como ir a comprarse algo al súper, como pensar que si entro en una tienda a comprarme algo que vale 10 euros, pago 10 euros. Es una cuestión de lógica, ¿no? Pues entonces, ¿por qué ofrecer cosas que valen 10 euros y aceptar solo 5 a cambio?

Por lo tanto, ¿qué ofrecía yo a los demás? Me propuse estudiarlo, valorarlo, anotarlo y organizarlo para saber qué podía exigir, qué DEBÍA exigir. Para no quedarme con menos, y, para así, además, tratar de dar cada vez más y ampliar mi lista. De modo que, cada día, sin ser apenas consciente de que lo estaba haciendo, enumeraba más y más virtudes:

- Soy leal hasta la médula.
- Soy desprendida y generosa.
- Soy inteligente y tengo sed de seguir aprendiendo y adquirir más conocimientos.

- Soy divertida y con un don para hacer reír a los demás.
- Soy puntual.
- Soy una trabajadora responsable y comprometida.
- Soy detallista.
- Soy una persona que ha ganado experiencia en la vida a través de situaciones malas.

E identificar mis virtudes me ayudó a poder identificar también mis defectos:

- Pierdo la paciencia con facilidad.
- Soy extremadamente crítica con las actitudes de los demás que no comparto.
- Mi sentido del humor no le tiene por qué gustar a todo el mundo.
- Que otra persona no tenga X o Y conocimiento no significa que sea peor que yo.
- Que algunas personas tengan X o Z te da envidia. No seas envidiosa.
- No debes enfadarte porque alguien no siga tus consejos. Solo son consejos y esa persona hace frente a sus conflictos por sí misma y aprende a su manera.
- Aunque la gente esté de acuerdo contigo, no te hagas portavoz de nadie.

Gracias a este sencillo ejercicio se activó una parte de mi cerebro que estoy segura de que en otras personas empieza a funcionar muchos años antes. Esa parte encargada de identificar y valorar qué hago bien, qué hago mal, qué puedo esperar de los demás. Hasta ese momento estaba anclada en un injusto «no vales nada, haz lo que te digan y acepta las migajas del cariño de quien te asegure que será suficiente sin comprobarlo ni rechistar». Toda esta sumisión y falta de autoestima por culpa de mi peso, por un estúpido número en una báscula; y, por supuesto, también por causa de la actitud marcadamente negativa que yo me había infligido a mí misma, y por la actitud deplorable de los demás (no de todos pero sí de muchos) hacia mí.

Entendí otro valor que puede resumirse de nuevo con un acto cotidiano, y es que conocer mis virtudes y mis defectos es como tener vista. Sí, simplemente como poder ver lo que te rodea y aprovecharte de esta ventaja. Puedes ir caminando por la vida porque ves dónde pisas y sabes identificar si será un paso en falso o si puedes seguir adelante, y, saber que tienes cosas buenas y saber qué cosas son, te ayuda a no caminar sin rumbo y a acabar con la cara aplastada contra un muro de ladrillos. Por mi parte, antes de vivir sin ver, me había pasado la vida zarandeada por situaciones, por gente, por caminos oscuros por los que me había dejado llevar porque no tenía ni la confianza ni la seguridad suficientes como para tomar decisiones por mí misma, y, también, por los que había deambulado con una venda en los ojos por el miedo a quedarme sola. ¿Quién se guiaría por decisiones tomadas por una persona que no vale una mierda y que no sabe lo que dice? Esa era yo, mi yo del pasado, y eso es a lo que me dedicaba. Pues bien, en ese momento todo aquello se acabó. Y, por suerte, así ha continuado hasta hoy.

Mi actitud de cara al trabajo cambió. Entendí que si cobraba lo mismo que mis compañeros no tenía por qué trabajar el doble que ellos. Y, si lo hacía, esperaba una compensación a cambio.

También entendí que si le ofrecía lealtad, disponibilidad, generosidad y un hombro en el que desahogarse a cualquiera de mis amistades, estaba en condiciones de exigir, o, como mínimo, de esperar, exactamente lo mismo por parte de ellas, ni más ni menos. Aquí llegó la cruda realidad de que la amistad no es obligatoriamente recíproca y de que, desgraciadamente, por mucho que entregues en una amistad, no puedes ni debes esperar lo mismo a cambio. Con esta revelación empecé a hacer limpieza. Así, de un modo que podría parecer injusto sin estudiar mi historia vital, pero que es más que lógico dadas las circunstancias, valoré cuáles de mis amigos eran amigos de verdad. Es decir, quiénes me devolvían lo mismo que yo les daba a ellos (en la medida de sus posibilidades y siendo siempre comprensiva, claro) y quiénes no. En este pequeño exterminio personal, duro pero necesario para continuar con mi nuevo yo, Blanca se consagró como una auténtica amiga, alguien que estaría a las duras y a las maduras y con quien podría contar plenamente, al igual que Agurtzane. ¿El resto? El resto fue desapareciendo. Y resultó ser bastante gracioso, la verdad, ver cómo se sorprendían cuando las iba borrando de redes sociales o quedando menos con ellas. ¿Que Miren la que siempre decía que sí a todo no quiere venir a un sitio que le aburre con gente que es muy falsa? ¡Cómo se atreve!

Tenía claro que, con este nuevo medidor, prácticamente me quedaría sin amigos. Pero oye, quizás eso era lo que me hacía falta, y, además de haber hecho en el pasado (de forma bastante cuestionable, por cierto) de la frase «año nuevo, vida nueva» mi propio mantra, ahora haría (de un modo mucho más positivo para mí misma) «borrón y cuenta nueva». Daba igual si era alguien a quien conocía desde hace quince años, como Leticia, o alguien a quien había estado pegada durante semanas seguidas, como Ángela. ¿Os podéis creer que todas se sorprendían? ¿De verdad, Leticia, te sorprende que pase de ti cuando te has avergonzado de mí durante años, y los años más recientes de amistad solo me has querido para pedirme dinero? ¿Tanto te sorprende que haya encontrado el amor propio y la seguridad de que no te necesito, y de que, si no estás dispuesta a ser una amiga en condiciones, no hay lugar para ti en mi vida? ¡Ayyy, aquellos a los que os interesa tener a una persona débil al lado, qué solitos os vais a quedar el día que abra los ojos! El ocaso de los aprovechados es el amanecer del que aprende a quererse.

Otro nuevo mantra, esta vez no es una frase tan tópica como la de «año nuevo, vida nueva» o la de «borrón y cuenta nueva», no os preocupéis, que, aunque a veces parezca que no, una tiene sus recursos. Esta es una frase que he conocido hace poco y que debes tener muy presente:

«Aquellos que atacan tu seguridad y tu autoestima constantemente son conscientes de tu potencial, incluso si tú no lo eres».

Después de todas estas revelaciones que comenzaron a darle sentido a mi vida y cuando al fin supe comprender que yo valía y que debía buscar ese mismo valor en los demás, ya llevaba más de un año viviendo con Nagore. Y, mientras que las cosas con ella iban viento en popa, la situación entre el resto del grupo de amigas empezaba a oler a cerrado. Algunos episodios, como que alguna se liase con el chico que le gustaba a otra, se acostase con el exnovio de alguna, pasase toda la tarde criticando a una que no estaba presente y luego llenar Facebook de fotos juntas del fin de semana, se volvieron comunes entre ellas. Y yo no hacía más que preguntarme ¿cómo puede ser esto sano? ¿Cómo os puede compensar tener este tipo de relaciones solo por enseñar en las redes sociales que tenéis «amigas»? Salía con ellas y veía que Menganita sonreía a Fulanita cuando realmente le quería sacar los ojos por haberse acostado con su exnovio. O cómo una se pasaba una tarde entera en nuestra casa despotricando sobre otra, su forma de ser, cómo trataba a su pareja, lo insoportable que era, y luego era la primera en irse con ella de fiesta. O veía desde algún punto del bar cómo una le hacía un gesto feo a otra por la espalda. Pero lo más gracioso era que cuando les preguntaba por separado por qué actuaban así se sorprendían, me decían que bueno, que en eso consistía ser amigas. ¿PERDONA? ¿En qué mundo vives? ¿En qué realidad paralela debería ser así una amistad sana? ¿En qué habitación del infierno es normal que una amiga se acueste con tu ex, te lo oculte mientras lo saben las demás, te critique e insulte a todas horas pero luego suba fotos contigo de fiesta como si fuerais hermanas?

¿En dónde es normal que critiques a alguien que está pasando por un momento difícil, desde su forma de ser a cómo se porta con su pareja, y luego le sonrías y le rías las gracias? Hoy en día os seguiréis creyendo amigas, y siento ser yo la que tenga que arrancar la tirita, pero lo que sois es ¡unas auténticas falsas!

¿Me veía yo implicada directamente? No. ¿Era mi ex al que se tiraban? No.

¿Era a mí a quien ponían a parir por la espalda para luego ir de *amiguis*? No (que yo sepa, aunque probablemente esté equivocada en esto último). Pero, aun así, ese no era el ambiente en el que quería evolucionar como persona. Me estaba descubriendo a mí misma, estaba entendiendo qué quería, qué esperaba de la gente y, con todo el trabajo, esfuerzo y disgustos que me había costado llegar a ese momento, no iba a claudicar por miedo a estar sola si el precio era estar rodeada de hipócritas.

Sí, me caían bien, les tenía aprecio y, a algunas más que a otras, las consideraba amigas, pero no iba a verme absorbida por ese huracán de falsedad por no quedarme sola. Ya había pasado por algo similar con Paula, con Noelia...Y no, sabía que estar sola no es tan malo. De hecho, me descubría a mí misma buscando huecos y haciendo tiempo para estar conmigo misma y eso me ayudó a tomar la decisión de sacar de mi vida a aquellas personas que restan. ¿Crees que suena vanidoso decir que eres una fantástica compañía? Error, ese debería ser un objetivo común que tuviéramos todos. Y aquí voy a hacer mía una frase de Mark Twain: «La única soledad es la que no estás a gusto contigo mismo». Y, por suerte, yo me di cuenta a tiempo y pude despedirme de aquellas supuestas amigas que me hacían sentirme sola aun cuando me acompañaban.

A pesar del cariño que le tenía a Nagore, decidí romper con ese ambiente de falsedad y quitarme de en medio. Hablé con mis padres, ya que mi relación con ellos en ese momento había mejorado mucho gracias a mis nuevas decisiones (decisiones buenas ¡por fin!) y al tiempo que estuve viviendo fuera, y volví a casa. Hice limpieza de amistades en redes sociales, borré números de la agenda del móvil y me volqué con la gente con la que sabía que podía contar al cien por cien. Sí, mi vida social se resintió, pero mi salud mental y tranquilidad se triplicaron. Menos cantidad de amigos y más calidad en las relaciones, esa era la ecuación ganadora.

Entendí que no todo vale con tal de tener amigos, con tal de salir y de tener vida social. Prefería salir menos y pasar más tiempo sola (sin que estar sola tenga que ser en absoluto algo malo, ya que lo disfrutaba en aquel momento y sigo disfrutándolo ahora), y, cuando saliese por ahí, quería estar rodeada de gente que me hacía bien y con quien podía ser yo misma.

Mi nuevo estilo de vida me hacía pensar en la Miren de diecisiete años que se pasaba todo el día en la calle con sus «amigas» con tal de no estar sola en casa, odiándose. Odiándose en silencio cada vez que salía a la calle porque estaba rodeada de gente que le hacía sentirse como una auténtica mierda, y odiándose a voces en casa porque no se soportaba. En la calle la cabeza llena de voces diciéndome que no le gustaba a nadie, y en casa voces diciéndome a mí misma que no me gustaba. Prefiriendo estar en la calle fingiendo ser amiga de aquellas personas, fingiendo ser feliz, fuerte, fingiendo tener una buena vida... antes que verme obligada a llegar a casa, en donde no fingía, pero en donde desataba toda mi ira contra mí misma porque no podía más. No había zona segura ni tregua. Siempre eran voces, gritos, cuchicheos, externos o internos, pero constantes. Insultos que, vinieran de donde vinieran, iban a parar al mismo sitio. Las voces en la calle iban seguidas de risitas de los autores. Las voces en casa iban seguidas de golpes y cortes, también de la autora, yo. Atrapada entre dos mundos que no me satisfacían. Y qué bien saber que, a pesar de los golpes, pude sobreponerme a esa situación y no escoger el camino fácil.

Podría parecer por mis palabras que todo esto de reducir mi círculo social a menos cantidad y más calidad ha sido un camino de rosas, pero lo cierto es que no ha sido así. Aunque sabía que la decisión de eliminar de mi entorno a aquellas personas que no me aportaban sería positiva a la larga, pensé en mi marcador de Sim, en qué pasaría cuando se quedara a cero el marcador social. No solo había recortado mis amistades, sino que las pocas que quedaron ya tenían trabajos y vidas ocupadas o vivían fuera de mi ciudad. Estaba sola, pero, a diferencia de lo que ocurrió durante mi adolescencia, ahora no pasaba mi soledad insultándome y maltratándome delante del espejo. Me ponía delante del espejo pero para mimarme, para cuidarme. Ese fue el verdadero avance, quererme independientemente de sentirme sola o acompañada.

Mi tiempo a solas comenzó a ser un espacio de calidad, donde hacía lo que me gustaba y desconectaba del mundo; un espacio para mí, una especie de *habitación propia*. Dedicaba parte de mi tiempo libre a buscar información online para aprender más de todo aquello que me interesaba o a ver pelis y series que me enganchaban y me hacían viajar a otros mundos, nada de pasar horas tomándome al pie de la letra los horribles consejos de páginas ponzoñosas con odas a la autolesión y a los desórdenes alimenticios.

En el trabajo, en casa, en mis relaciones... Ya no fingía que todo estuviese bien, que todo valiera, ahora por fin sabía que valía de verdad. Los miedos se habían transformado en afirmaciones positivas. Las inseguridades por mi físico, en reafirmaciones sobre mis virtudes. Romper con todas las relaciones tóxicas que me rodeaban me ayudó a sentirme más segura de cada paso que daba, porque sabía que detrás no había un miedo a quedarme sola. Y si me quedaba sola, ¿qué? Después de todo ese tiempo me di cuenta de que el peor trato que recibí no fue por parte de un tercero, fue de mi propia mano. Me llegué a decir las mayores barbaridades que he oído sobre mi persona, y me herí, física y emocionalmente, más de lo que nunca lo hicieron en la calle. Pero ahora, queriéndome, respetándome, disfrutándome, ¿por qué no iba a actuar y a hablar por miedo a quedarme sola, cuando ahora sola es como mejor estaba? Pasé de ser mi mayor enemiga, mi mayor detractora, a mi mayor apoyo. Ese simple gesto de darle la vuelta a la moneda conmigo misma era todo lo que necesitaba para empezar a ser feliz. Un gesto fácil en apariencia, pero que, literalmente, casi me cuesta la vida conseguir.

Con la moneda por fin de cara, empezaron a rondar mi cabeza palabras que jamás hubiera asociado conmigo: autoestima, seguridad, amor propio, felicidad. Me llegué a sentir un poco ególatra, ¿me merecía, tenía derecho a sentir cosas positivas sobre mí misma? Tenía tan asimilado que no valía nada, que valorarme y darme el lugar que me merecía me hacía sentir egoísta, narcisista.

Y me pregunté si esa sería la voz interior con la que la gente normal iba por la vida. Una voz que les decía que valían, que se merecían lo mismo que los demás, que tenían derecho a ser tratados con respeto y derecho a exigir un mínimo de aquellos que los rodeaban. Algo tan simple como mirarme al espejo y sentirme bien, o comprarme ropa y sentirme guapa llevándola me hacía plantearme si me estaba volviendo vanidosa. No, cari, no. No es vanidad, es amor propio.

Aprendí a hacer y a aceptar bromas sobre mí misma. Aquellos momentos en los que el más mínimo comentario o referencia a mi físico en público me hubieran hecho desear que me tragara la tierra parecían realmente lejanos. Ahora era yo la que me sorprendía a mí misma haciendo comentarios, incluso bromas sobre mí. Y, ojo, no me refiero a ridiculizarme, porque si lo hacía yo primero ya no lo harían los demás, eso es otra cosa. Me refiero a estar tan segura y a gusto conmigo misma que no me importaba ponerme en la línea de fuego.

Incluso en casa. La relación con mis padres había mejorado muchísimo y había conseguido hacerme respetar por mi padre. Ahora, en las contadas ocasiones que lo hacía, cuando mi padre me hacía una broma (ahora sí eran bromas) sobre mi aspecto, en lugar de odiarle, odiarme y odiarlo todo, respondía con un «mira quién fue a hablar», «le dijo la sartén al cazo, no me toques que me tiznas», «¿y tú lo dices, que llevas embarazado de nueve meses desde que tengo memoria?». Y la cosa se quedaba ahí. No llegaba la sangre al río. No nos enzarzábamos en una discusión que no llegaría a buen puerto. No eran comentarios que se enquistaban. Y cuanto más le respondía, cuanto más ácida era mi respuesta, más gracia nos hacía y provocaba, irónicamente, que él hiciera comentarios con menos frecuencia. En parte porque iba aprendiendo a tratarme y a respetarme, y, en parte, estoy segura, porque no le haría mucha gracia salir escaldado cada vez que abría la boca para hacerse el gracioso.

Y, de nuevo, al igual que con la bulimia y el *cutting*, descubrí que el sentimiento que se había apoderado de mí, mi nueva forma de pensar, actuar y respetarme, mi nueva amiga y compañera, tenía un nombre: *body positivity* (o *body positive*).

Fue en Instagram y de la mano de Tess Holliday cómo lo conocí. Me topé con una página llena de cuerpos «imperfectos», cuerpos como el mío. Mujeres con celulitis, estrías, tallas que pasaban de la 50 y que se mostraban con tal orgullo, con tal garra, que te daban ganas de hacerte un *book* en bañador delante del espejo, subirlo y decir «aquí estoy yo».

Empecé a investigar cada vez más sobre este movimiento nacido en Estados Unidos. Entendía la traducción literal, algo así como «positividad del cuerpo» o «cuerpo positivo», pero había mucho más. El *body positive* era la voz que durante tantos años no tuve. Era el derecho a sentirte tan persona como cualquiera. Era la obligación de quererte, seas como seas. Me ayudó a ordenar mis pensamientos, a clasificar las actitudes negativas y positivas que tenía y a entender cómo las desarrollaba o en qué momentos se apoderaban de mí, haciéndome actuar, hacia mí o de cara a los demás, de una forma u otra. Me confirmó las conclusiones a las que había llegado en los últimos años, el merecer lo mismo que los demás, el exigir ser tratada igual, el saber que tengo derecho a ser querida y que tengo derecho a verbalizar que algo de ropa me queda bien, que me siento guapa o cualquier otro piropo sobre mí sin que sea recibido con sarcasmo o con una risilla.

Curioseando en distintas redes sociales llegué a YouTube, en donde encontré cuentas de mujeres maravillosamente empoderadas y orgullosas de sí mismas, y me fijé en el hecho de que todas ellas eran extranjeras. Canadienses, estadounidenses, inglesas, australianas. Estaba claro que el *body positive* hablaba un idioma, el inglés. Pero ¿y por qué el español no?

Me costó encontrar canales de habla hispana que trataran el tema. Encontré alguno hispano, pero con pocos vídeos y sin mucha repercusión. También alguno español, pero, al igual que lo poco de *body positive* de España que encontré en redes, más que un «me amo siendo como soy porque tengo derecho a ello», lanzaban un mensaje de «me amo como soy porque no me queda otra, pero si pudiera firmaría para ser Paris Hilton». Me encontré con vídeos como «fajas para disimular la tripita», «cómo maquillarte para parecer más delgada», «qué no ponerte según tu cuerpo». Sí, los hacía una gorda, pero NO, no era para nada el mensaje que necesitábamos.

Ya está bien de gordas en redes desarrollando un contenido estereotipado a cambio de que sea aceptado el hecho de que estén ahí, como pidiendo permiso y perdón al mismo tiempo. Basta de términos como «gordibuena», que implican que cumples los cánones de belleza de la sociedad pero avisando de que vas con unos kilos de más. Como si hubiera que hacerle fácil la transición a la sociedad para que puedan entender el hecho lógico de que las personas con un físico no aplaudido también existimos, también tenemos derechos y también nos merecemos un respeto.

Y ante todo este contenido en español que no me gustaba y la falta de contenido que sí que me parecía necesario, decidí dar el paso y abrir mi propio canal. Pensé en la Miren más joven y en las cosas que le hundían la vida. Recordé los perfiles pro-ana y pro-mia de Myspace, llenos de fotos de cuerpos delgados. Recordé la ropa con la que me tuve que vestir tanto tiempo, ropa de mi padre y mis hermanos y lo que era intentar encontrar algo de mi talla. Recordé el cambio que tuve cuando volví a engordar y que, a pesar de los kilos, me seguía sintiendo igual de digna y fuerte.

Se lo comenté al que era mi pareja en aquel momento y coincidió en que era buena idea. Tenía cámara, tenía los conocimientos necesarios de edición y, sobre todo, tenía ganas. Anteriormente había tenido un blog y había subido algún vídeo de forma puntual, pero solo me leían mis tres amigas de turno del mundo bloguero y era una especie de «zona segura». En YouTube, sin embargo, no controlaba quién lo podría ver. Aunque, siendo sinceros, contaba con (o creía) que no lo iba a ver ni el tato.

En ese momento yo compartía piso con otras tres chicas y, claro, tenía que grabar cuando no hubiera nadie en casa, lo cual no siempre era fácil. ¿Quién querría que le escuchasen hablando sola en su cuarto de por qué y cómo quererte siendo gorda? Etiquetas de rarita las justas, gracias. Porque sí, a todos nos da vergüencilla reconocer que tenemos un canal de YouTube hasta que tiene cierta aceptación, las cosas como son.

Pero descubrí que editar mis vídeos, pasar horas mirándome fijamente, fue un ejercicio fantástico para continuar por mi camino de la autoaceptación. Uno de los primeros vídeos que colgué en mi canal fue un *lookbook* de ropa *pin-up* grabado por mi exnovio. Editando aquel vídeo vi cosas de mí en las que no caía normalmente, como los michelines espalderos. «¿Es esto lo que ve la gente cuando va andando detrás de mí?», pensé nada más verlos. «Pues es lo que hay ¡así que para delante!» Me enfrenté a antiguos miedos que, ahora no solo eran más obvios, sino que estaba trabajando para exponerlos al mundo entero. Mis dientes movidos, la nariz torcida, la papada, los brazacos, los michelines. Cada hora que pasaba editando, cada vídeo que editaba y subía, me servía como ejercicio de autoaceptación y me reafirmaba, más aún si cabe, en la labor que quería llevar a cabo: quiérete seas como seas.

¿Me costó ganar soltura delante de la cámara? Por supuesto. Intentaba ser más correcta, no hacer ciertos movimientos para que no resaltaran cosas como la papada, pero cada vez me daba más igual. Entendí que no podía caer en esa trampa, no podía lanzar un mensaje de amor propio cuando ponía la cámara a cierta altura y no giraba la cara en cierta dirección porque esas eran las cosas que no me habían gustado de los vídeos que había visto. Si nos tiramos a la piscina, nos tiramos con el equipo completo. ¿Quieres hablar de amor propio? Pues el movimiento se demuestra andando, con papada y michelines espalderos incluidos.

Comencé a subir vídeos hablando de problemas cotidianos que parecen un mundo si no sabes cómo enfrentarte a ellos. Por ejemplo, el tema de las tallas grandes, dónde comprar, qué tallas se podía encontrar; busqué toda la información que tuve para dar soluciones a las personas que se sintiesen, o se hubiesen sentido en algún momento de su vida, como yo me sentí. Un simple vídeo sobre dónde encontrar ropa guay y de talla grande, que no tratase de esconder esos kilos de más y que no pareciese recién sacada del armario de una anciana, me hubiera ahorrado todos esos viajes incómodos a tiendas en donde solo podía comprar bolsos y zapatos mientras los dependientes me miraban con una sonrisa lastimera que decía «no vas a encontrar nada para ti aquí».

Subí también a mi canal material en el que contaba mis experiencias como gorda y cómo llegué a respetarme después de haber sido la persona que más me odiaba sobre la faz de la tierra.

También me atreví, por primera vez, a contar mi propia historia sobre *bullying*. Era una historia casi olvidada, una historia que yo, alguien a quien le encanta contar anécdotas, no había repetido en voz alta en mi vida y no muchas personas de mi entorno actual conocían. «Esto podría ayudar a alguien», me dije. Hice cosas mal, mi familia hizo cosas mal, el colegio hizo cosas mal y, a pesar de los años que habían transcurrido desde mi experiencia, el *bullying* seguía siendo algo latente en los colegios y en las noticias. No sabía quién lo iba a ver, no sabía cómo iba a ser recibido, pero conté mi historia. Pocas veces he estado tan compungida como el día en que leí los comentarios de aquel vídeo, gente contándome sus experiencias, aplaudiendo mi gesto de compartir mi historia, y chavales dándome las gracias y pidiendo consejo porque estaban pasando por algo similar. Si aquello no era señal de que estaba haciendo lo correcto, no sé qué sería. Por primera vez en mucho tiempo me permití ser vulnerable y abrirme, y mereció la pena cada segundo.

Inspirada en esas mujeres *body positive* que vi en Instagram, también subí vídeos en los que, con mis kilos, michelines, estrías y celulitis, salía luciendo la ropa que me gustaba. Dando un golpe figurado en la mesa y diciendo: existimos y tenemos tanto derecho como cualquiera a estar aquí. Sin fingir entrar por un canon para que se aceptara mi presencia. Sin pedir permiso ni perdón. Siendo libre.

No tardaron demasiado en empezar a llegarme mensajes que me dejaban boquiabierta. Por ejemplo, chicas con «normotipos» (cuerpos y tallas consideradas «normales» por el canon y estándares de la sociedad) dándome las gracias por mis palabras. Aquello me folló la mente. ¿Cómo podían chicas con cuerpos perfectos darme las gracias por hablar de amor y respeto propio? ¿Acaso ellas no lo tenían por el mero hecho de tener un cuerpo aceptado por la sociedad? Me pasé toda la adolescencia y parte de la veintena pensando que un cuerpo normal y aceptado me haría feliz. Ese era el foco de mis problemas y también mi mayor problema. Ahora tenía a decenas de chicas, y a algunos chicos, dándome las gracias porque alguien, algún descerebrado, había decidido hacerles víctimas con cualquier otra cosa. ¿Tienes buen cuerpo? Pues tu nariz es enorme. ¿Tienes una cara preciosa? Pues tienes barriga de embarazada. ¿Está contenta con su cuerpo? Pues tienes poco pecho. Y, por primera vez, caí en la cuenta de que si no hubiera sido el peso, hubiera sido cualquier otra cosa. La nariz grande, el culo plano, los dientes torcidos, el pecho pequeño. Cualquier cosa hubiese servido para martirizarme. El peso no era mi problema, era yo. Era mi falta de autoestima y mis ganas de agradar lo que me impedían ser feliz.

Encontré un ejército de mujeres de todas las edades a las que la sociedad había estigmatizado por el más ridículo de los motivos: una cualidad física. No solo estigmatizado, las habían señalado, marcado e insultado hasta el borde del abismo, hasta que odiaban todo lo que eran por ese motivo. Y yo era incapaz de comprender cómo esas chicas, esas mujeres maravillosas, trabajadoras, divertidas, bellísimas personas vivían en su propio infierno personal, al igual que viví yo, por una cualidad física que no las definía como personas.

Partiendo de la base de que nadie es perfecto, escojas el canon que escojas, ¿vas a perder tú tu trabajo porque yo esté gorda? ¿Te va a dejar de querer tu madre porque una chica esté delgada? ¿Te van a echar de tu trabajo porque una compañera tenga la nariz grande? ¿Te va a echar tu casero porque una vecina tenga el culo grande? En serio, ¿cómo afecta a tu vida el que haya gente viviendo la suya, intentando ser felices, sean como sean? ¿Dónde está la necesidad de marcar a alguien, de hacer que alguien se vaya a su casa llorando? ¿Echarte unas risas? Pues menudo sentido del humor tan pobre, y menuda mierda de personalidad tienes. Ya me jodería ser como tú.

Y, por fin, mi susurro, el que me decía «te mereces ser feliz seas como seas», se unió al de todas esas personas. Unos decían «merezco ir al colegio sin que se rían de mí por llevar gafas«, otros «merezco ir a la piscina sin que me llamen anoréxica por estar delgada», y todos queríamos exactamente lo mismo: amarnos y respetarnos sin ser juzgados o insultados por hacerlo.

Ya no era solo yo susurrando, éramos un ejército a gritos.

CAPÍTULO 9

AQUELLA VOZ FAMILIAR

Y después de tantos dimes y diretes, aprendizaje y errores dirás y ahora ¿qué? ¿Pasa la etapa mala y, de repente, un día cabalgas en tu caballo blanco hacia el atardecer siguiendo el arcoíris? Pues mira, no. Pero ¿soy feliz? Sí.

Respondiendo a la pregunta que tantos me hacéis y que he mencionado antes, no llega un día en el que, por arte de magia, todo es maravilloso. Sigue habiendo días malos, días reguleros y días buenos. Días en los que te comes el mundo y días en los que el mundo te come. Pero la diferencia yace en saber cómo llevarlo y en saber cómo utilizar las herramientas que has obtenido a base de palos.

¿He superado totalmente la ansiedad social? No me atrevería a responder con un sí rotundo. Sin embargo, he entendido que es parte de mi personalidad tirar más a ser introvertida y que no me guste estar rodeada de gente desconocida. Pero, de la misma manera, te digo que, por ejemplo, viajo en transporte público sin auriculares, lo cual antes me parecía impensable. Y he desarrollado mis dotes sociales para, aunque no sea mi escenario favorito, poder estar en un ambiente social desconocido y disfrutar.

¿Estoy totalmente a gusto con mi cuerpo? Tampoco debería contestar con un sí rotundo. Pero sí que he conseguido que mi físico no sea un impedimento en mi vida. Es más, podría decir que he hecho de mi capa un sayo y, en gran parte, gracias a mi físico he desarrollado esta «carrera» en YouTube que tantas oportunidades y tanta gente maravillosa me está trayendo. Tampoco me cohíbo en hacer las cosas que quiero, en vivir experiencias, marcharme de viaje y asistir a fiestas. Planes que en el pasado, con el mero hecho de pensar en ellos, invocaban un ataque de pánico. Lo podría resumir con, no estoy satisfecha al 100% con mi cuerpo, pero sí lo acepto al 100%. Cierto es que, de vez en cuando, me doy una patada figurada en el trasero por mi vida sedentaria y me digo a mí misma que me tengo que mover más, pero lo cuido, y, por encima de todo, lo respeto. ¿Hay días en los que siento que nada me queda bien? Por supuesto. ¿Hay momentos en los que me miro al espejo y veo detalles que mejorar? También. Pero ¿recuerdas cuando te dije que no llega un día en que, mágicamente, todo es fantástico, sino que todo este camino más bien es una escalera que debemos ir subiendo escalón a escalón? Pues esa escalera nunca termina, lo importante es no tropezar ni dar un paso atrás, nunca. Un paso atrás ni para coger carrerilla, tenlo presente.

¿Es la relación con mi familia maravillosa? Aquí sí que puedo responder con un SÍ bien grande. Y ¿sabes por qué? Porque me hice respetar, porque demostré cómo me debían respetar y cuál era mi lugar en la familia. Demostré ser cuerda, objetiva, trabajadora, independiente y, por encima de todo, tener voz propia y saber cómo utilizarla. Me rebelé, alcé la voz, di un golpe en la mesa y dije basta, no soy el *punching ball* de nadie. Por mi parte, a ellos les enseñé mucho sobre respeto, sobre cómo esperaba ser tratada y sobre el trato que ofrecía a cambio. Y así crecimos juntos como familia, e individualmente como personas. Mi padre, el que hace unos años solo se dirigía a mí para burlarse de mi peso, ¿sabéis cuánto tiempo hace que ni me lo menciona? ¿Meses? ¿Años? Probablemente porque ha comprobado que «aún con este cuerpo» he conseguido un trabajo bueno y estable, me rodeo de buenas amistades, viajo todo lo que me da la gana, vivo sola y soy dueña de mi vida tanto y tan bien como cualquier padre puede desear para su hija.

¿Han mejorado mis relaciones? Tengo las mejores amigas del mundo, LAS MEJORES. Gente con quien puedo ser yo sin reparos, con las que puedo contar para la bueno y quienes vienen sin ser llamadas para lo malo. He aprendido a utilizar diferentes baremos para diferentes relaciones. No puedo esperar ni exigir de todo el mundo el 100% porque, haciendo ejercicio interno, no a todo el mundo me entrego al 100%. Hay conocidos, colegas, amigos, diferentes categorías, vamos. Eso sí, esté con quien esté, soy yo misma, nada de fingir ser, aparentar, posturear para caer bien. He invertido demasiados años de mi vida en encontrarme a mí misma para perderme por tan poco. ¿Parejas? Pues sin prisa pero sin pausa. Si aparece alguien que cumpla los requisitos, genial. ¿Que no aparece? Pues genial también. Pero estoy preparada mentalmente para llevar una relación. No solo por lo que he aprendido de mí, sino por lo aprendido en pasadas relaciones.

Creo que puedo decirte que estoy muy cerca de ser la Miren con la que siempre soñé. Segura, feliz, con una vida tranquila y satisfactoria, viajando, disfrutando con todo lo que hago, ayudando a gente. ¿Recuerdas a la Miren que tartamudeaba cuando alguien le hablaba en público? Pues esa misma Miren estuvo dando una charla sobre *body positive* en la Universidad Complutense de Madrid ante decenas de personas el Día de la Mujer. Repito, hablando delante de decenas de personas, sin tartamudear, siendo coherente. Si eso no es una muestra del avance, nada lo es.

Tengo un trabajo estupendo con un grupo de gente que me encanta, en donde se me tiene en estima y se reconoce la buena labor que desempeño. No puedo pedir más.

Y, por si todo lo anterior no fuese suficiente, también estoy muy orgullosa de haber aprendido, y de seguir aprendiendo, de mis defectos y errores, e intentar mejorar cada día. Cómo trataba a los demás, qué esperaba de ellos, cómo me relacionaba, todo venía de los mismos complejos e inseguridades. Ahora ya sé cuál es el camino para llevarme un aprendizaje valioso y no tropezar con las mismas piedras.

Dicen que los exalcohólicos y exdrogadictos nunca se curan, que es una lucha de por vida. Salvando las distancias y con el respeto que se merecen, veo mi caso muy similar al de ellos. Puedes tener la impresión de ser la persona más fuerte que jamás has sido, y un pequeños gesto en un día tonto que te pille con las defensas bajas puede lograr que te desmorones. Eso pasará, dalo por hecho. La cuestión es saber recuperarte, recoger tus bártulos y seguir tu camino en donde lo habías dejado. No hay una píldora mágica, un botón de encendido que nunca se apague. Es un trabajo diario, pero los malos momentos van incluidos en el contrato de ser humano ¡dichosa letra pequeña!

Y no, tener un día, una semana mala no significa que estemos de vuelta en el pozo. No nos pongamos yankis y empecemos a llamar bipolar a cualquier humano que no sea un robot de sentimientos lineales. Si un día estoy alicaída, no tengo el humor por las nubes o simplemente me apetece hacerme una albóndiga con la manta en la cama, me lo permito porque sé que no me voy a quedar ahí, porque sé las cosas buenas que hay en mi vida y poseo la suficiente visión como para discernir lo bueno y luchar por ello. Así que no, habiendo salido del pozo la vida no está llena de piruletas y hadas, no nos engañemos. Pero si ya saliste del pozo eso es que tienes las herramientas y el conocimiento para superar un bache.

Me entra la risa floja al escucharme decir estas cosas y recordar lo que creía que iba a ser mi vida. Incapaz de encontrar un buen trabajo, dependiente de mis padres para todo y pagando el precio de aguantar los desprecios e insultos de mi padre, navegando en internet para buscar páginas que alimentaran mis mierdas mentales y envidiando la vida de la gente que era más feliz que yo porque aparentaba tener lo que yo nunca tendría. Odiando mi cuerpo y rebotando de desorden alimenticio en desorden alimenticio y sola, completamente sola. Así de prometedor veía mi futuro.

Pues lo siento, Miren de veinte años, pero te voy a dar un puntito en la boca porque ahora ERES FELIZ.

EPÍLOGO

Siempre quise dedicarme a escribir. Siempre me gustó y siempre me hizo sentir bien, pero jamás imaginé que sería un sueño que viera realizado. Era otro delirio más de una gorda que se pasaba las horas soñando con imposibles para no ver la mierda de realidad que la rodeaba.

Pero llegó esa foto de Instagram. Una foto mía, en bañador, sin edición, sin retoques, sin filtros. Pasé años ocultando mi cuerpo y ocultándome de los demás. Debajo de capas de ropa, detrás de unas gafas de sol, dentro de cuatro paredes. Gracias al *body positive* restauré el respeto y el amor propio que me debía, y que le debía a mi cuerpo. Fue el paso que convirtió mi mayor miedo en la llave de mis sueños.

Este es el texto que acompañaba a aquella foto:

Esta foto soy yo. No es verano, no salgo favorecida y no es una foto que me guste particularmente, pero soy yo. Con mi barriga, mis brazacos, mi festival de estrías, *buffet* de celulitis, pecho pequeño, vamos que lo tengo todo. Hace 10 años, 5 años, JAMÁS me hubiera atrevido a colgar una foto así. De hecho, no hubiera dejado ni que me hicieran una foto así, ni muerta. Pero hoy, y cada día un poquito más, acepto quién soy y cómo soy. Mi exterior te puede gustar más o menos, pero no soy un vestido del que solo te tiene que gustar cómo queda, soy una PERSONA. Con sentimientos, sueños, virtudes y defectos, con una historia y un futuro, otro ser humano más, COMO TÚ.

Muchas veces me preguntáis (mis seguidores de YouTube) cómo quererte, cómo aceptarte, en qué momento llega ese gran día en el que dejas de compararte con X y te aceptas tal y como eres. Pues ese día llega TODOS LOS DÍAS. Poco a poco, cada día una pequeña victoria. Gracias a mi canal he ido superando barreras. De «no mires de perfil a la cámara que se ve la papada» a «tengo papada, ¿y?». A colgar vídeos de cuerpo entero ¡no solo de cuerpo entero, sino en bañador! ¡No solo en bañador, sino que me he puesto un bikini por primera vez en mi vida! Algo impensable e inaceptable para mí hasta el verano de 2017.

El *body positive* no puede parar, no podemos parar. No podemos parar hasta que cada persona que se siente una mierda porque ha crecido escuchando esa palabra que le convierte en NADA (sea gorda, fea, maricón, bollera, enano, lo que sea) se sienta, cada día un poco más lo que es, UNA PERSONA, UNA VIDA DIGNA DE FELICIDAD Y RESPETO.

Cuando Sergi, mi editor, me propuso escribir un libro volvieron todos los miedos. ¿Por qué yo? ¿Realmente tengo algo que contar que resulte interesante? ¿Será capaz mi historia de ayudar a alguien? Revisé mi email y mis mensajes privados. Privados en Instagram de chicas con cuerpos por los que yo hubiera matado cuando tenía dieciocho, pidiéndome consejo porque se odiaban, como me había odiado yo. Correos de madres cuyos hijos estaban pasando por una situación de *bullying* en el colegio, como había pasado yo. Chicos con relaciones asfixiantes con sus padres al borde del abismo, como las que había tenido yo.

Y me di cuenta de que era eso lo que me debía mover a escribir este libro, a desnudarme, a abrirme en canal, a permitirme ser vulnerable por una vez en mi vida y vaciar mi maleta emocional.

No es que yo sea o tenga algo especial o diferente, al contrario, es que somos exactamente iguales. Fisurados, quebrados, rotos hasta el punto de que nos hemos considerado irreparables. Pero lo somos, reparables, y este libro es la prueba. Este libro es la prueba de que aunque te escupan por los pasillos del colegio, te insulten por la calle, te pases horas odiando tu cuerpo delante del espejo, llorando por las noches deseando haber nacido en otro sitio o en otra familia, o simplemente desear no haber nacido... **de todo se sale**.

¿Sabes esas fotos trucadas del antes y el después en anuncios de productos de pérdida de peso? Miras el antes y te ves reflejado, miras al después y piensas «eso nunca me pasará a mí». ¿Te has visto reflejado en algún momento de este libro? ¿Se asemejan mi historia y mis vivencias a las tuyas? Pues escúchame bien, porque si hay algo que quiero que te lleves de este libro es lo siguiente: si yo he sobrevivido, si yo he salido adelante, TÚ TAMBIÉN LO HARÁS. Yo no soy gurú de nada, ni ejemplar, ni especial, ni hostias. Soy una tía cualquiera. Una chavala de Móstoles que creció con sobrepeso y rodeada de imbéciles, que desarrolló un lado introvertido, asocial y raro y que descendió a la mayor mierda, la oscuridad más profunda del asco solo para encontrar lo que no sabía que tenía: amor propio.

Por último te voy a pedir que hagas un ejercicio conmigo.

Primero, piensa en un niño pequeño de tu entorno al que adores. Una prima, un sobrino, tu hija. Ahora imagina que lo tienes delante, llámale gordo, feo, inútil, imbécil, asqueroso. Grítaselo. ¿Qué, te parece una locura? ¿Jamás le harías eso? ¿No se lo merece? Entonces, si no se lo harías, si no se lo dirías, ¿por qué te lo dices a ti?

Para terminar piensa en alguien que ya no esté en tu vida. Quizás una abuela, alguno de tus padres, un padrino o un hermano mayor. ¿Te gustaría volver a hablar con esa persona, abrazarla, olerla? Te encantaría pero sabes que no puede ser, que ya no está. Pues pasa exactamente igual con cada momento en el que te privas de vivir algo. Cada vez que dejas de hacer algo que quieres, cada vez que te impides disfrutar por tus miedos, es otro momento que jamás volverá, como ese ser querido. Cada oportunidad que desaprovechas es como otra conversación que pudiste tener y no tuviste con esa persona que se ha ido.

Llora lo que tengas que llorar. Odia a quien tengas que odiar. Ten los bajones que sean necesarios y ahoga tus lágrimas en la almohada las veces que haga falta. Pero, cuando hayas terminado, recoge tus piezas, enumera tus virtudes, convierte esa desazón en arrojo, deshazte de la gente que no te haga bien y sal de ese pozo con la luz más importante que necesitas: la del respeto y el amor a la única persona que te va a acompañar el resto de tu vida, tú mismo.

¿O acaso crees que esta gorda que soñaba con casarse con Brian de los Backstreet Boys, que se vestía con ropa de su padre y que tartamudeaba cuando le preguntaban la hora es mejor que tú en algo? No, querido, no. No soy mejor que nadie, tampoco peor, porque seamos como seamos (altos, bajos, rubios, cojos, negros), hay una cosa que siempre seremos: iguales.

AGRADECIMIENTOS

Incluso las personas que dicen haberse hecho a sí mismas —y no es que yo lo haya hecho— tienen a mucha gente a quien agradecerle haber formado parte de su vida.

Primero quiero agradecerles a mis padres lo bueno, y lo malo también, porque gracias a ellos soy quien soy. Aunque a veces me dé rabia admitirlo, soy la mitad de cada uno de vosotros y cada día lo noto más.

Quiero agradecerle a mi mejor amiga, Blanca, haber estado siempre ahí —a veces incluso sin saberlo—; también le quiero agradecer su paciencia, hacer de abogado del diablo, saber cuándo necesito que me dejen en paz y, en resumidas cuentas, ser mi *ride or die*.

Y, por último, pero no menos importante —queda muy de entrega de premios esta frase, jaja—, a todos vosotros, porque me habéis demostrado que somos más los que luchamos por el derecho de todos a ser felices que los que, en algún momento de nuestras vidas, nos han intentado decir que no merecíamos serlo.